区域产业优化升级研究

Study on the Optimizing and Upgrading of Regional Industry

◎周向红　成鹏飞　喻维刚　付呈勋　周志强　著

吉林大学出版社

·长春·

图书在版编目（CIP）数据

区域产业优化升级研究 / 周向红等著 . — 长春：吉林大学出版社，2020.5
ISBN 978-7-5692-6129-5

Ⅰ.①区… Ⅱ.①周… Ⅲ.①区域产业结构－产业结构优化－研究－中国 Ⅳ.
① F269.27

中国版本图书馆 CIP 数据核字 (2020) 第 028096 号

书　　名　区域产业优化升级研究
　　　　　　QUYU CHANYE YOUHUA SHENGJI YANJIU

作　　者　周向红　成鹏飞　喻维刚　付呈勋　周志强　著
策划编辑　李承章
责任编辑　安　斌
责任校对　赵　莹
装帧设计　朗宁文化
出版发行　吉林大学出版社
社　　址　长春市人民大街 4059 号
邮政编码　130021
发行电话　0431-89580028/29/21
网　　址　http://www.jlup.com.cn
电子邮箱　jdcbs@jlu.edu.cn
印　　刷　湖南省众鑫印务有限公司
开　　本　710mm×1000mm　1/16
印　　张　13
字　　数　200 千字
版　　次　2020 年 5 月　第 1 版
印　　次　2020 年 5 月　第 1 次
书　　号　ISBN 978-7-5692-6129-5
定　　价　78.00 元

本书出版获得以下项目资助

◇ 国家社科重大委托项目（2018MZD008）

◇ 湖南省社会科学界联合会重大项目（XSP19ZDA009）

◇ 湖南省社会科学界联合会重点项目（XSP18ZDI002）

◇ 湖南省自然科学基金项目（2019JJ40088）

◇ 湖南省社科基金项目（18YBA150）

◇ 湖南省教育厅重点项目（18A201）

◇ 湖南省社会科学界联合会智库课题（ZK2019006）

作者简介

周向红 1981年8月出生，湖南新邵人。湖南科技大学产业大数据与智能决策湖南省工程研究中心工程师，硕士生导师。主要致力于决策理论与应用、产业经济、生态环境等领域的研究。主持各类科研项目7项，其中省级重大项目1项。2016年以来，作为主要成员参与各类项目11项，其中国家项目4项(排名前5)、省级重大项目1项(排名第3)、省级重点项目1项(排名第2)。荣获湖南省科技进步三等奖1项、湖南省社科优秀成果奖三等奖1项。在《系统工程理论与实践》《运筹与管理》《经济日报理论版》《科技进步与对策》《系统工程》《统计与决策》《商学研究》等期刊上发表论文30余篇。出版著作3部。

成鹏飞 博士，产业发展大数据与智能决策湖南省工程研究中心副主任，湖南科技大学教授，硕士研究生导师。湖南省121人才工程人选，湖南省发改委特聘节能减排专家，湖南省经信委特聘智能制造专家，曾长期在中国五矿集团成员企业担任高管。主要研究方向：产业经济、技术经济、智能制造与计算机应用。主持国家项目3项，省级重大项目1项、省级重点项目2项，省部级一般课题6项，横向科研项目40多项；发表学术论文68篇，其中SCI源刊论文6篇、EI论文4篇、CSSCI 10篇、CSCD 6篇，经济日报理论版3篇；出版专著3部，参编教材1本；获省部级奖励4项。

喻维纲 硕士，高级工程师，湘潭钢铁公司常务副总经理，湖南湘钢工程技术有限公司董事长，中冶京诚(湘潭)重工设备有限公司副董事长，湖南建钢工程监理有限公司执行董事。主要研究方向：钢铁产业发展、企业管理和智能制造。近年担任湘潭钢铁公司精品中小棒、大方坯铸机、大盘卷、宽厚板、5m 板等项目总指挥，并主持了湘潭钢铁公司 ERP 改造、智慧工厂等 50 多个工业信息化和智能制造项目，在《武汉科技大学学报》《仪器仪表标准化与计量》《自动化博览》等知名刊物上发表智能制造专业论文近 10 篇，申报专利近10 项，已获批发明专利 1 项，实用新型专利多项。

傅呈勋 硕士，高级工程师，湖南湘钢工程技术有限公司副总经理，武汉科技大学研究生兼职导师，湘潭市政府投资项目评审专家库专家，《工业计量》编委，《湖南计量》编委，测量管理体系审核员，能源计量体系审核员。主要研究方向：智能制造与钢铁产业发展。近年主持了湘潭钢铁公司精品中小棒、大方坯铸机、大盘卷、宽厚板、5m 板等项目的自动化控制系统，以及湘潭钢铁公司智慧工厂等 40 多个智能制造项目，在《中国计量》《工业计量》《冶金自动化》等发表论文 10 多篇，申报专利近 10 项，已获批发明专利 1 项，实用新型专利 2 项。

周志强 1979 年 10 月出生，湖南新邵人。湖南科技大学商学院副教授，经济学博士，人力资源管理系主任，企业管理创新研究所所长，硕士生导师。主要致力于企业经济、产业经济等领域的研究。主持各类科研项目 10 余项，其中国家社会科学基金项目 1 项、教育部人文社会科学基金项目 1 项，省级项目 5 项。近年来，作为主要成员参与国家、省部级项目近 20 项。获得湖南省社科优秀成果奖 2 项，其中，一等奖 1 项，三等奖 1 项。在中国管理科学、人民论坛、商业经济与管理、系统工程、重庆大学学报(社会科学版)等期刊上发表论文 50 余篇。出版专著 1 部。

前　言

　　产业是区域经济发展的基础和支撑，产业兴则区域兴，产业强则经济强。如果一个区域缺乏有活力和竞争力的产业，那么该区域的发展必将成为无源之水、无本之木。产业优化升级是实现区域经济健康发展的重要途径与手段，其中涉及诸多经济、管理等问题。推动产业优化升级是顺应时代发展大势、抢占新一轮产业竞争制高点的战略选择，是攻克发展难题、培育发展新动能的迫切需要，是抢抓发展机遇、厚植发展优势的关键举措。因此，开展产业优化升级问题研究，尤其是区域产业优化升级发展问题的研究具有显著的实际意义。

　　目前，产业优化升级中的有关问题已受到学界、企业界和政界的广泛关注，形成了一些有价值的研究成果。然而，产业优化升级中的问题多种多样，既有理论方法方面的问题，也有具体实际方面的问题，目前缺乏产业优化升级相关问题产生根源、内在机理和解决方案的系统研究。本书将从不同层面选择典型区域，借助资源禀赋理论、比较优势理论、梯度转移理论、产品生命周期理论，以及决策理论与方法，对区域产业优化升级进行系统探讨和研究，主要包括以下几个方面。

　　（1）全面梳理相关文献与理论。阐述选题背景、研究的理论和现实意义；对国内外区域产业优化升级的研究文献进行回顾与评述；给出研究思路和内容安排；介绍比较优势理论、产品生命周期理论、梯度转移理论、产业结构判断等主要相关理论与方法，为后续产业优化升级研究提供理论和方法基础。

(2)以科技园区产业发展为例，提出了产业优化升级的路径。通过选择马栏山文创园、岳麓山国家大学科技城为案例，剖析科技园(城)的发展现状，总结出各区域产业发展实际面临的困难和问题，并结合科技园(城)的发展实际，提出产业优化升级的举措，主要包括：健全区域内的微观治理架构，完善治理机制，提供更为高效的配套服务；发挥资源禀赋优势，发展特色产业，实现产业的优化升级；充分利用科技园(城)的配套政策，扶持产业优化发展。

(3)以市州产业发展为实例，提出特色产业优化升级发展的路径。选择有代表性的区域作为市州产业优化升级研究的典型案例。选择其中具有较好工业基础的株洲市，以及以旅游业和农业为主的欠发达地区的大湘西，两个地区的产业优化升级具有各自的特点，紧密结合市州资源发展特色产业。本书利用了比较优势、资源禀赋、产品生命周期等理论，因地制宜地提出了相对应的发展举措，主要包括：利用充分挖掘已有优势资源，优先发展优势产业；积极优化产业结构，合理配置产业资源，带动各产业的优化升级，如旅游业、农业与互联网融合，传统农业与先进制造业结合，促进产业的健康快速发展；完善交通、网络等基础硬件配套设施，还要加强教育、政策等软件配套的资源投入，为产业发展提供良好的环境。

(4)从省域层面考虑推进湖南产业协同优化升级发展。与国内其他东部沿海经济发达省份相比，湖南具有明显的差距。但在工程机械、轨道交通、航空航天、新材料等单个产业方面，湖南已跻身全国前列。在全球新一轮科技革命和产业变革加快发展进程当中，湖南始终以新兴产业链为突出重点，持续推进制造强省建设，积极发展战略新兴工业，大力实施城市群等连片发展战略。从全省宏观层面，提出优化升级举措，促进产业协同发展，主要包括：加强整体统筹规划，优化产业布局，实现产业协同发展，避免重复投资和低效发展；加强片区发展，如实施长株潭衡城市群协同发展战略，推进创新资源、产业资源、人才资源的区域内协同配置，促进各片区、各市产业的优化升级发展；继续加强大湘西与全省先进地区交流协同，带动大湘西区域内产业发展；加强湖南与国内外先进地区的资源协同，加大开放力度，吸收外部经验和资源，提升湖南产业的进一步优化升级发展。

（5）结合产业优化升级发展需要，给出具有针对性的政策建议。从国内外不同区域产业发展的实践看，区域产业发展离不开政府政策的引导和支持。完全依靠市场会产生一系列问题，如产业安全、环保、基础产品的供给等，难以利用市场进行自发调节。为推进区域产业更稳健地优化升级，应从产业投资政策、基础设施建设、投融资渠道，以及产业园区等方面提出相关政策建议。

在本书撰写过程中，王坚强教授、高阳教授、唐宇文研究员和禹向群研究员提供了大量资料和无私指导，还有众多学者、政府各级管理人员给予了很多指导和帮助，从而使得本书的研究工作能够快速、有效地开展，并最终完成，在此一并表示衷心感谢。本书是国家社科重大委托项目"新时代中国特色社会主义的阶段性特征和发展规律"（课题号：2018MZD008）、湖南省社会科学界联合会重大项目"湖南经济高质量发展研究——湖南智能制造高质量发展的影响因素及对策分析"（课题号：XSP19ZDA009）、湖南省社会科学界联合会重点项目"湖南省大学科技城发展战略研究"（课题号：XSP18ZDI002）、湖南省自然科学基金项目"新经济形势下湖南省培育世界级制造业集群的模式、效率与机制研究"（课题号：2019JJ40088）、湖南省社科基金项目"湖南世界级轨道交通产业集群培育机制与扶持政策研究"（课题号：18YBA150）、湖南省教育厅重点项目"'一带一路'战略背景下湖南培育世界级轨道交通产业集群的路径与对策研究"（课题号：18A201）、湖南省社会科学界联合会智库课题"湖南加快智能制造产业发展对策研究"（课题号：ZK2019006）的阶段性研究成果。

由于本书的作者经历和水平有限，书中的一些观点有不成熟之处，一些写法和描述难免有不恰当和疏漏之处，恳请广大读者批评指正并提出宝贵意见。

作　者

2019 年 7 月 20 日

目　录

第一篇　区域产业优化升级理论——基础篇

第三篇　市州产业优化升级研究——中观篇

第四篇　省域产业优化升级研究——宏观篇

第五篇　总结——结尾篇

第一篇 区域产业优化升级理论

基 础 篇

　　本篇主要介绍国内外区域产业优化升级的研究现状，厘清产业优化升级的概念，阐述区域产业优化升级的动力机制，梳理产业优化升级所用到的理论与方法，是后续研究的重要基础。

第1章 绪 论

1.1 研究背景及意义

1.1.1 研究背景

改革开放四十多年以来，随着工业化进程的不断推进，我国创造了举世瞩目的"中国经济奇迹"。传统粗放式的经济发展方式以重工业发展为主，"高投入、高排放"的发展理念使得我国 GDP 由 1978 年的 3 678 亿元增加到 2018 年的 90 万亿元；工业总产值由 1978 年的 1 607 亿元增加到 2018 年的 30 万亿元，也使得我国一跃成为世界第二大经济体。从近现代世界经济发展趋势来看，工业化是一个国家或地区由以农业经济为主向以现代工业化为主转型过渡进程中不可逾越的发展历程(李博等，2008)。目前，我国经济增长方式已由高速增长转为高质量发展，然而迫于资源紧缺与环境保护的双重压力，且由于我国在全球产业链中采取低端嵌入的发展模式，随着经济全球化与国际分工专业化程度不断提升，传统不合理的产业发展模式使得我国在国际舞台上缺乏话语权与竞争力，"高质量发展"理念与国家战略发展亟须我国优化现有产业结构配置。产业优化升级是指在工业化进程中，地方政府根据本地区产业现状以及综合考虑经济发展的约束因素，优化升级出最佳产业，从而带动其他产业发展的积极性的战略行为(杨国庚等，2009)。党的十九大报告指出，"推动经济发展质量变革、效率变革、动力变革，提高全要素生产率，着力加快实体经济发展，提升创新水平"，这为产业优化升级的实施提供了方向。在新时代可持续发展理念下实现产业优化升级已成为实现经济增长与环境保护"双赢"的必由之路；是促使我国建设为"两型社会"的重要手段；是实现资源有效配置和国民经济效益最大化的重要抓手。

1.1.2　研究意义

1.1.2.1　理论意义

在经济全球化与国际分工不断加深的背景下，产业优化升级已成为提高国家竞争力、提升国际话语权的必然选择。因此，选择区域产业优化升级这一理念进行研究，通过对产业优化升级概念梳理的同时，阐述其动力机制，分析区域产业优化升级过程中的发展现状与亟须解决的一系列问题，借助相关理论与方法来综合分析产业优化升级，以及给出政策建议，有利于清晰产业优化升级概念，丰富产业优化升级动力机制，以及弥补现有相关产业优化升级分析方法的不足，为各类区域产业优化升级决策提供理论参考与借鉴。

1.1.2.2　实际意义

湖南省位于我国中部地区，下辖13个地级市、1个自治州。改革开放以来，湖南省抓住机遇，全省国民经济得到了迅猛发展，但面临着整体产业分布不合理、高新技术产业较少、创新能力不足等现实问题，制约了区域经济的可持续发展。2005年湖南省长株潭城市群通过审核，其中长沙市主要侧重于发展信息与服务行业，株洲市主要注重装备制造业等相关产业的发展，而湘潭市主要侧重于发展重工产业。但总体而言，全省产业分布主要以劳动与资源密集型产业为主，开展产业优化升级刻不容缓，且湖南省在全国区域合作中起承接优秀产业、转移先进技术的作用。因此选择具有代表性的中部省份湖南省进行实例探讨，研究其如何进行产业优化升级对其他区域乃至全国经济可持续发展都具有重要实际意义。

1.2　国内外研究综述

1.2.1　国外研究现状

产业优化升级这一思想最早在 17 世纪由英国古典政治经济学家威廉·配第提出，他通过分析各个国家的经济发展状况与国民收入情况，认为各国经济发展不同的主要原因是由于各国产业结构存在差异。此后，产业优化升级问题一直是国外学者研究的热点话题，总的来看可以分为如下三个方面。

1.2.1.1　关于产业优化升级理论的研究

日本经济学家赤松要（Kaname Akamatsu，1932）通过分析日本棉纺工业的发展状况，提出了著名的"雁行模式"理论，认为日本产业发展会经历"进口—当地生产—开拓产品—出口增长"四个阶段，该理论提出之后，理论界常用该理论去描述后发国家产业升级的过程，称其为"雁行产业发展状态"。刘易斯（Lewis，1954）提出了著名的"二元经济结构理论"，内容为将发展中国家生产部门分为农业与工业生产，由于两部门给予工资存在差异，会引领劳动力由农业转向工业直到两部门间劳动力边际产出与工资水平相等。美国学者罗斯特（Bristow，1963）在他的著作《经济成长的阶段》中通过比较分析各国发展效率的差异，发现不同阶段都有对其他产业发展有益的部门存在，进而提出了著名的"六阶段论"，认为正是这些主导产业的发展促进了经济的发展。克拉克（Clark，1960）在他的著作《经济进步的条件》中分析了四十多个国家和地区关于三次产业劳动投入与总产出的情况，得出随着国民人均收入的提升和经济的发展，第一产业劳动力和国民收入所占比重逐渐降低，而第二、三产业劳动力与国民收入所占比重逐渐升高的结论，基于此提出了著名的"配第－克拉克定理"。钱纳里（Chenery，1958）通过分析统计在同一发展阶段世界各国的产业结构数据，发现产业结构会随着人均收入的高低而发生变化，其变化规律为：第一产业比重逐步下降直至保持稳定状态，第二产业比重不断上升，但接近工业化后期将出现下降的情况，第三产业比重不断提升且消化吸收第一产业剩余的劳动力。库兹涅茨（Kuznetski，1941）在配第－克拉克定律的基础上，重点阐述了国民收入对产业结构的影响关系，并第一次提出了"相对国民收入"这一理念，进一步剖析了产业结构。美国经济学家波特（Porter，2003）在其著作《竞争优势》中提道，"一个企业在正常运营状态下可以分解成设计、生产与营销三个环节，每个环节的价值共同构成整个企业生产的价值链"，并第一次提出了"产业价值链"这一理念。

1.2.1.2　关于产业优化升级内涵的研究

Porter（1990）在他的著作《国家的竞争优势》中提道，"产业升级的实质就是各产业生产效率的提升，是生产要素由劳动密集型向资源节约型转移的产业，目的是实现各产业效用最大化"。Gereffic（1999）采用全球商品链分析方法研究了东亚服装产业，发现产业升级可以看成是企业或产业在价值链上不断提升的过程，而不是仅限于产业结构方面的升级。Ernst（1998）提出各个国家在产业优化升级过程中一般都是通过技术创新手段，将产业发展由低附加值向高附加值转变。Kaplinsky（2000）认为产业升级就是使该产业制造出更好、更有效的产品，或是从事更多的有关技能方面的学习。Humphrey 和 Schimitz（2002）从微观企业视角出发，认为产业升级可以分为产业内升级与产业间升级两种。Lucas（1988）指出，在国家分工形式逐渐形成的局面下，随着科技创新与经济发展，会促使各产业生产由低端转向高端，由低附加值转向高附加值。Gualani 等（2005）认为产业增加是由创新引起的，因此产业升级可分为产品升级、流程升级与功能升级三种形式。Catttaneo 等（2010）提出，一个企业要想稳妥应付复杂多变的市场环境，最好是进行产品、流程或功能等方面的升级。

1.2.1.3 关于产业优化升级影响因素的研究

涉及产业优化升级的影响因素较多，国外对此的相关研究也较为丰富，不同学者针对不同角度进行研究得出了不同的结论。产业优化升级的目的归根结底还是为了经济增长，因此产业优化升级与经济增长之间的影响研究一直是国外学术界的研究重点。一些学者从产业优化升级对经济增长的作用展开研究（Pasinetti、Kuznets、Eichengreen、Timmer等），大多数学者认为产业优化升级对经济增长具有促进作用，Michael（2003）采用20世纪90年代西方28个相关国家的面板数据，分析得出产业升级对这些国家的经济增长具有显著的促进作用。Besson等（2004）认为产业结构调整可以解释整个市场九成以上的收入变化。Tanuwidjaja和Thangavelu（2007）利用日本相关数据，实证研究发现产业结构变化对高技术部门产业生产率具有显著的促进作用。Kuznets（1966）、Denison（1974）、Jorgenson等（2002）、Ali（2005）等学者经过研究都认为产业优化升级对经济发展具有重要的作用，也有部分学者认为产业优化升级并不一定一直对经济发展具有显著的促进作用，皮纳得（Peneder，2003）通过研究发现认为产业结构变化对经济增长的影响是有利有弊的。Mccaij（2015）通过分析20世纪70至90年代相关产业数据，研究发现产业优化升级对经济增长的影响效应在不同年份并不相同。Fanetal（2003）认为当产业结构达到均衡时，产业结构调整对经济发展的影响将会存在下降趋势。还有一些学者基于结构决定理论与收入决定理论视角来研究经济增长与产业优化升级之间的关系（Dvid、Chihiro、Ding、Kyoji等）。Peneder（2003）分析了产业结构与经济增长的关系。Kyoji（2016）研究了日本产业结构与区域经济发展不平等的问题。

随着经济发展的不断推进，一些学者发现金融发展、外商投资等与产业优化升级之间也存在不可忽视的关系（Goldsmith、Fisman、Antzoulators、Bonfiglioli、Blalock、Temiz）。Shaw（1969）第一次提出了"金融深化"理论，认为随着金融发展方面基础设施的不断完善，其产业资源配置水平也不断提升。McKinnon (1973)提出的"金融抑制"理论认为金融发展对资源合理配置与经济结构转变具有重要作用。Amore (2013)、Fisman (2003)、Antzoulators (2011)均对金融发展与产业升级的关系进行了研究,但结论并不一致,金融发展可能对产业升级产生显著与不显著的促进作用。Markusen (1999)经过研究后发现,由于关联效应的存在,一些跨国公司对发展中国家的外商投资可以促进本国产业发展和结构升级。Hunya (2002)通过研究罗马的相关制造产业发展状况,发现外商投资大部分进入利润具有竞争优势的企业,因此对总体产业升级并没有起到一定的促进作用。而 Caves (1974)、Koizumi 和 Kopeck (1977)、Globerman (1979)、Blomstrom 和 Persson (1983)、Dimelis 和 Hubler (2010) 等通过研究发现外商投资影响产业优化升级是通过促进技术创新来间接影响产业升级的。

技术进步能提升企业生产效率与资源流动,对产业优化升级的影响效应也吸引了很多学者的研究(Porter、Cimoli、Antonelli、Arthur 等),Fagerberg (2000)采用1973—1990年39个国家的制造业数据,研究发现产业结构变化对劳动生产率的提升并没有显著的提升作用。Montobbio (2012)基于企业异质性视角,研究了不同企业的创新行为对企业竞争力与产业结构的影响。还有部分学者就产业政策与产业优化升级方面的关联效应进行了研究(Amsden、Waheed 等)。这些学者们都认为产业政策与政府干预对产业升级优化的影响是必不可少的。

1.2.2　国内研究现状

对比国外的相关研究成果,国内学术界对产业优化升级的相关研究发展起步较晚,但随着科技不断发展以及产业升级相关理念的不断普及,目前也已经积累了很多研究文献,总体从如下三个方面展开研究。

1.2.2.1　产业优化升级内涵的研究

长期以来,国内学者对"产业结构优化升级""产业优化升级""产业结构调整"

等概念的内涵研究较少，多数基于宏观视角进行研究，且大多学者都将几者等同（吴崇伯，1988；李培育，2003；王巧等，2019；张国庆等，2019）。但随着研究的不断深入以及西方相关先进研究理念的传播，一些学者发现了将这些概念等同存在一定的问题，产业升级优化问题不能仅从结构视角入手，还应该基于价值链视角进行探究，国内现有研究也大多数基于上述两个视角入手进行研究。从结构视角来看，李悦等（2002）认为产业优化升级就是将产业结构向高级化与合理化发展。李培育（2003）在对落后地区产业升级进行研究的过程中就将产业升级定义为"产业结构调整"。韩霞（2003）在研究高新技术产业化对产业升级的影响中都是基于"产业结构升级"进行描述研究的。陈仲常等（2005）认为产业结构优化升级是各产业趋于合理化与高级化的过程。从价值链视角来看，孙自铎（2003）认为产业升级应该要落实到产品与技术层面。张耀辉（2002）认为真正含义的产业升级应该是"高附加值产业替代低附加值产业的过程"，产业升级的实质是产业创新与产业替代。陈羽等（2009）经过文献梳理以及结合中国目前现状进行分析，认为"产业升级"与"产业结构升级"两个概念应区别开，"产业升级研究"更多是以价值链升级为主题的。蒋兴明（2014）认为产业转型升级是由产业链转型升级、价值链转型升级、创新链转型升级、生产要素转型升级四个方面组成的有机整体。邵洁笙（2006）、韩文丽（2011）、丁晓强等（2015）均从宏观、中观、微观等视角进行了分析，认为从宏观层面来看，产业升级是指产业结构转向第三产业以及在全球产业链中占据主要地位，从中观角度来看产业升级是指生产要素由劳动密集型向资源密集型过渡的过程，从微观层面来看是企业通过技术创新、技术进步等手段提升产品竞争力以获取更大利益。此外，姜泽华（2006）、潘东青（2013）、朱卫平（2011）、冯梅（2014）、付珊娜（2017）、张俊（2019）等学者也都基于不同角度对产业升级的内涵进行了系统研究。

1.2.2.2　产业优化升级影响因素的研究

探究产业优化升级与其影响因素的相关研究对于制定正确的升级战略具有重要作用(章文光等，2018)。产业升级是由多种因素共同作用的，国内学者对此进行了大量研究，总的来看从供给、需求、外部环境三大方面展开研究。其中，在供给方面，学者们主要基于外资规模、人力资本、技术水平、自然资源、金融发展等视角(王文治，2012；高越，2011；魏喜成，2008；张国强，2011)。姜劲(2012)、纪玉俊(2015)、李新功(2016)等认为产业升级最重要的驱动力就是技术创新与企业的创新能力的提升。成金璟等(2005)通过研究发现，外商投资会对产业升级产生正面或负面影响两种相反的作用。吕丙(2009)认为区域品牌价值对产业升级具有促进作用。刘芳等(2009)经过研究发现技术创新是产业结构调整的关键影响因素。王海平等(2019)基于福建省58个县市相关数据，研究发现县域产业升级会对农民收入产生显著的正向影响，且这个影响效应在经济欠发达的县域更大。张国庆等(2019)基于空间计量与面板模型分析税收增长与产业升级的关系，研究发现税收竞争会对产业升级产生抑制作用，但随着经济发展水平的提高，增值税竞争对产业升级的抑制作用会降低。刘世锦(1996)最早指出了金融发展对产业优化升级的重要性。范方志(2003)等利用我国中西部地区相关面板数据，研究发现金融结构水平对当地产业结构升级与经济增长具有制约作用。在需求方面，学者们主要基于消费需求、投资需求、进出口需求等视角来展开研究(武小霞，2014；张翠菊，2015；赵旭凌，2016)。胡乃武等(2002)认为经济全球化对产业结构调整起到重要的影响效应。韩颖等(2011)经过实证研究发现，出口因素对产业升级起到了抑制作用，而消费与投资对产业升级则起到了促进作用。王吉霞等(2009)认为社会需求是产业结构升级的出发点和立足点，而固定资产投资需求是产业结构优化升级的直接原因。赵胜男等(2019)基于产出供给端与投入需求端两个视角出发，研究发现出口贸易创新不足限制了产业结构升级，反过来产业结构水平不高也会对贸易中科技含量的提升产生抑制作用。此外，宋辉(2004)、赵进文等(2004)、杜传忠等(2011)、王青(2017)等也都基于需求角度研究了对产业升级的影响效应。在外部环境方面，学者们主要从社会基础设施建设情况、市场体制建立情况、对外开放程度、产业政策等方面入手(任盈盈等，2006；韩刚，2009；陆泽锦，2011；杨骞，2019)。安苑等(2012)研究发现地方财政行为的波动会对产业结构的升级产生显著的抑制作用。梁树广(2014)通过对产业升级影响因素的作用机理进行相关研究，实证发现交通基础设施对产业优化升级的作用效果最大。李豫新等(2014)基于新疆相关数据进行分析研究，发现城市化水平、产业政策均为产业优化升级的主要影响因素。高远东(2015)运用机理分析与实证检验，综合分析得出目前我国产业结构升级困难的最大原因就是制度安排的不合理。张志娟等(2019)认为要想实现产业优化升级必须要进一步优化政府服务与创新创业环境。

1.2.2.3 产业优化升级的路径选择及可行性方式分析研究

在产业升级的路径选择方面，黄永明等(2006)基于价值链视角研究了我国纺织企业升级路径选择，提出了基于技术能力、市场扩张能力以及技术和市场相组合的三种提升路径选择。梁军(2007)认为发展中国家要实现其产业升级需针对不同类型的全球价值链采取不一样的战略措施，从比较优势向竞争优势转变。何德旭等(2008)从中国产业结构变动效应的角度进行研究，认为要想实现产业升级，必须以高新技术产业作为驱动力，以现代服务业与制造业作为发展的两个车轮。张少军等(2009)提出实现产业升级的一条新思路是将全球价值链(GVC)模式下的产业转移竞争方式与中国国情相结合来发展国内价值链。沈坤荣等(2014)认为尽管目前我国产业在总体上处于较低水平，但突破产业升级难的关键是实现思维转变、方向修正、路径调换与体制突破等。黄先海等(2015)基于新产业革命背景下中国产业升级路径选择视角进行研究，发现解决目前中国产业升级三大难题最主要的措施就是要实施科技创新。桑瑞聪等 (2016)基于汽车产业、电子信息产业、陶瓷产业三个典型产业对产业转移与产业升级进行了分析，认为培育高级创新要素、消除市场分割、发挥市场需求多样化是实现产业升级的关键。董景荣等(2019)分地区讨论了我国制造业升级路径的选择问题，发现不同地区的路径选择方式并不相同。在产业优化升级的可行性方式的相关研究上，喻小红等(2001)基于"西部大开发"与"入世"政策对湖南省经济的影响进行了研究，认为要想达到产业结构升级必须合理调整产业结构，同时需要有目的地培育一批有优势、有潜力、市场需求弹性大的行业。朱玉林等(2008)针对目前湖南省整体产业升级不足等问题提出要积极发展新型工业化，促进企业的农业化。李钢等(2011)指出在"十二五"期间中国比较优势是劳动密集型产业，因此中国本地企业要因地制宜，不能盲目受外国发达国家的影响。李吉雄(2013)提出要推进中西部地区产业转型升级，其重要途径就是承接产业转移、加快技术升级和推荐国企改革。郭克莎(2019)通过分析产业结构变动影响因素的变化特点，提出了中国产业结构调整升级的中长期趋势，认为推动产业结构调整的政策导向、新技术革命与工业革命以及新一轮深化的改革开放是影响中国产业结构变动的重大因素。

1.2.3 文献述评

纵观国内外现有相关文献，基于产业升级优化的相关研究已取得一定成果，为本书的研究奠定了丰厚的前期基础，但还存在一些不足：

(1)大多数学者基于经济学宏观视角对产业升级进行探讨研究，且针对"产业优化升级"这一名词内涵的研究尚未在学术界达成统一共识。

(2)大多数学者都是基于国家宏观层面进行研究，而对于省级乃至市级的微观小尺度区域的研究较少。

(3)对于产业优化升级过程中的量化研究较少，未形成统一体系。

　　基于此，本书选择湖南省产业优化升级为案例，通过分析园区、市州和全省等不同区域、不同阶段产业发展现状，通过对比分析本地区与相邻地区所具有的比较优势，且针对各区域产业发展中存在的不足提出有针对性的解决措施，以期为有关部门和企业实施产业优化升级措施提供一些建议，也为现有理论与方法提供有益补充。

1.3　产业升级的动力机制

　　产业升级的动力机制分析研究对各企业加快转型升级，实现效益最大化具有重要的推动作用。产业升级的动力是各产业为抢占更大的市场份额，实现本产业产品利润最大化。产业利润分为两种，平均利润与超额利润，平均利润是指企业为保持正常运行所必须得到的正常收益，而超额利润是扣除企业成本后所得到的价值回报，是净收益，企业实行产业升级的目的就是为了促使超额利润实现最大化。从市场层面来看，随着经济全球化的不断推进，各产业在市场中的竞争也越来越激烈，如何保证在每一轮竞争中处于领先地位是企业必须解决的难题；在完全竞争的市场当中，当某一产业的超额利润不断提升时，会相应提升资本对该产业追加投资，从而促使该产业产品价格发生改变，当大量的资本涌入后，产品供给侧不断增加，加剧了本产业内部的竞争，产业内原有企业为保持自身竞争优势不被淘汰替换，会加强对自身企业内部创新研发的投入，加强技术创新，不断开发高附加值的产品，从而在新一轮竞争中占据先机，提高劳动生产率以获取更多的超额利润。综合前人相关研究来看(张耀辉等，2002；吴进红等，2005；方辉振，2006；赵波等，2011)，产业升级不是由单一因素作用的结果，而是由众多经济以及非经济因素等共同作用而形成的，本书在总结前人研究的基础上认为，分析产业升级的动力机制主要通过供给、需求与制度因素三大方面来进行。

1.3.1 供给端

供给是企业进行产业优化升级的基础和前提(王君,2013),产业升级能否取得成功与当前市场对所研究产品的供给情况有关,供给端包括自然资源、人力资源、技术创新、经济支撑等方面,其中技术创新是产业升级的直接动力,在产业升级进程中发挥了不可替代的直接作用。自然资源包括该产业本身所处地域具有的环境优势,本地区产业升级过程中能借助这些比较优势更好地实现产业升级。人力资源为产业升级进程提供了丰富的劳动力,目前,随着产业进程的不断深化,产业发展逐渐由劳动密集型产业转为资源节约型,这对于劳动力的选取增加了限制,提高了门槛,高素质、高学历人才培养是产业发展进程中不可缺失的中坚力量。经济支撑主要包括金融发展、外商投资等与经济相关的影响因素,产业升级过程中少不了资金的支撑,经济支撑是实现产业升级目标的后备保障,随着经济全球化进程的不断加快,金融行业、外资企业的发展不断加快的同时也对产业升级起到了相应的促进作用。技术创新是产业升级中最直接的动力,技术创新不仅通过提升企业生产效率、降低生产成本从而提升企业竞争力,还能够通过提升劳动力素质来实现产业的优化升级。技术创新促进产业升级体现在两个方面:一个方面是在生产要素不流动的情况下带来产业结构的改进;另一个方面是促进不同产业之间生产要素的流动,在形成的新的要素组合上带来产业结构的合理化与高度化。

1.3.2 需求端

需求是产业升级的起点与立足点,一切新产品的出现都是基于社会需求而产生的。社会需求包括消费需求、投资需求与进出口需求,不同需求结构在产业升级过程中发挥着不一样但却都不可忽视的作用。其中消费需求是社会需求中最主要、最本质的需求结构,也是引导产业优化升级最直接的因素;投资需求是指某企业在扩大企业规模、提升产品生产效率过程中必须经历的一个环节，在以市场为导向的经济体制中，任何企业的发展都不能独善其身，单纯靠自己的发展终究会被时代淘汰，始终需要投资来帮助其长远发展，加速产业优化升级；进出口需求是针对国与国之间的产业合作与交流，在目前开放条件下人与人、市场之间的交流加深了许多，加上国际分工体系越来越明显，各国都在世界舞台上扮演着自己独特的角色，此时就需要认清自己的定位，培养与发展自己的优势企业，对自己不擅长和不适合发展的产品就会选择用进口的方式来满足市场的需求，同时出口自己的优势产品，以此来弥补本国生产的缺口和解决产品积压问题；依靠出口自己的优势产品在发展本国经济的同时还能够提升在全球价值链中的地位，对本国国际话语权起到促进作用，对产业优化升级也起到了不可忽视的关键作用，如目前中国主要出口自己本国的优势产品如机电与装备制造等产品，主要进口高级芯片以及一些休闲进口食品等。在社会循环过程中，消费需求是安排社会生产、进行国民经济综合平衡的现实出发点。市场保持平稳发展的前提是实现供需平衡，供给与需求保持一种稳定的动态平衡，供过于求与供不应求都不利于社会的发展与产业的进步。消费需求作为一种消费理念的实现，在市场上决定了其相应产业规模的扩张，消费需求决定了整个社会再生产的发展趋势。当前市场体制内主流的产业发展归根结底是由消费需求来决定的，因为消费是生产的实现，一切的产品生产都是由于消费而引起的。纵观中国乃至世界产业发展历程，都在经历着由传统劳动密集型向资源节约型、第一产业向第二、三产业转变的发展历程，随着经济的不断发展和人民生活水平的不断提高，从最初的追逐"温饱"到现在的"精神追求"就是消费需求变更的最好体现。在消费需求变更过程中，也顺应带动了产业的不断发展和进步升级以满足人民越来越高的物质文化需要，其中最典型的一个例子就是互联网的普及以及手提电话的发展，从最初的移动电话到现在的智能手机，从最初的只适用于高收入人群使用到现在的已普及到全社会，从最初的外表笨重与功能单一到现在的小巧灵敏与通信、娱乐多重选择，无一不体现了互联网这个产业升级进程中给社会和人民的生活带来的便利与发展。但其实这些都是由于消费需求所带来的，消费需求的不断上升促使了这些企业加快技术进步、加快科技研发、加快产业升级，只有顺应整个社会的消费需求才能更好地在这个竞争多样化的市场中立足，而在市场体制中不顺应发展潮流的企业终究会被这个市场所淘汰。

1.3.3 制度因素

从宏观层面来看，市场调节是产业升级的主要动力机制，市场调节主要依靠产品的供求关系来实现，但事实和理论都越发证明，仅靠市场这只"看不见的手"的单向调节存在一定的局限性，更需要政府这只"看得见的手"来发挥作用，政府干预对产业升级也会起到不可忽视的推动作用，政府通过制定干预政策来影响企业行为选择，使一些特定的企业通过政府相关政策的优惠实现产业升级从而达到利润最大化。制度因素包括经济体制调控以及相关产业政策的制定，其中经济体制是为实现资源最优配置而产生的不同经济主体之间发生的行为、利益关系或规范体系，在当前既定的经济体制之下，各产业只能根据价格调节机制来判断产业要素转移是否具有充分弹性，政府根据最终市场情况来优化经济体制结构，后期大多数发展中国家形成一种参照与模仿工业化先行国家，采用建构转换模式体制来促进产业优化升级。产业结构调整是指政府综合运用经济、行政和法律等多种手段鼓励或限制生产要素在产业间的流动，通过合理配置资源促进产业结构向高技术化、高知识化、高资本密集化和高附加值化发展，最终实现产业结构的优化与升级(储德银等，2014)。产业政策主要包括产业结构政策和产业组织政策两种，其基本特征是政府为实现发展目标而采取的规范国内垄断程序的干预性、指导性相关措施手段。从产业政策的作用结果来看，要想促进产业优化升级，产业政策的制定既要以现有的市场体制为基础，也要弥补其存在的缺陷和不足，因为市场存在其自身不可解决的问题，如信息滞后、只能事后进行调节等问题必须由政府统筹把握，通过实施相应的产业政策来引导产业的发展，促进产业结构的合理化与高级化，实现产业优化升级。

基于上述有关产业升级动力机制的分析，可以由图1.1进行较为鲜明的概括和说明。我们可以发现，市场作用作为主要动力机制促进产业升级，市场通过控制供给和需求保持动态平衡来实现产业结构的合理化与高级化，当市场调节出现问题不能依靠自身力量解决时，政府作为有力的工具在市场调节失灵时制定相应的政策来弥补市场调节所造成的缺陷，通过需求、供给、制度与市场相互作用，取长补短、优势互补，最终达到产业升级的目标。

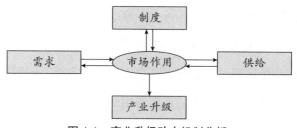

图 1.1 产业升级动力机制分析

1.4 相关基本理论及概念

1.4.1 产业结构优化升级的相关理论及其启示

本节对比较优势理论、产品生命周期理论和梯度转移理论等产业结构优化升级理论的由来、内涵和实践意义等进行论述与总结，奠定本书研究的理论基础。

1.4.1.1 比较优势理论及其启示

比较优势理论是古典经济学家李嘉图在亚当·斯密"绝对优势理论"的基础上发展起来的，被西方经济学家用于解释国与国之间的经济贸易关系，是英国产业革命深入发展时期的经济学家、古典政治经济学的集大成者。比较优势理论认为：两国劳动生产率不是在任一商品上均相同，在某些产品生产上，具有比较优势的国家应更多生产优势较大的商品，而处于劣势的国家则可集中精力生产劣势较小的商品，然后通过国际贸易进行交换，彼此都节省了劳动资源，都获得了益处。该理论的核心是：如果一国专门生产自身具有相对优势的产品，并通过国际贸易来交换自己不具相对优势的产品，则比全部由自己生产所获利益更多。这是一项基础的、迄今未受到挑战的经济学普遍原理，表现出强大的经济解释力和实用价值。

比较优势理论指出国际贸易的重要基础是产品技术的相对差异，而不是绝对差异，以及因此导致的相对成本差异。各国或地区应该专门化生产并出口自身具有比较优势的产品，这样各个国家或地区可以获得比闭关锁国更多的利益。某国或地区聚集使用自身相对丰富和廉价的资源来生产产品，是为获得比较优势，该国或地区通过专业化生产并出口这类产品，同时进口那些需要大量使用本国或地区稀缺要素的产品来获得相对收益。一般而言，劳动要素相对丰裕的国家和地区，劳动力的价格较低，劳动密集型产品的制造成本也相应偏低，由此具有比较优势；而资本要素相对充足的国家和地区，其资本价格相对偏低，选择发展资本密集型产品则可能更为有利。根据比较优势理论，不同国家和地区应利用各自的比较优势发展特色产业以提升区域竞争力，而上述比较优势条件均可成为提升区域竞争力的关键要素。

近代世界经济发展史表明，正确运用比较优势是许多经济高速发展国家的重要经验。例如，创造"东亚奇迹"的有关国家和地区，在它们经济发展的各个阶段都比较好地发挥了要素禀赋所决定的比较优势。事实上，不仅是国家的经济发展，就是地区的经济发展，也应当遵循"两优相较择其强，两劣相较择其弱"的比较优势原则。

比较优势已经逐渐发展成一个较宽泛的概念，指本国或本地区在经济发展中所具有的优势资源与有利条件，不仅包括丰富的自然资源、劳动力、资本等基础要素，还包括先进技术、智力资源、独特的历史文化背景，以及由区位条件、市场化、法制化和政府效能等决定的较高的交易效率。

各地区可以充分利用区域产业基础的优势，通过引进先进技术和高科技人才等稀缺要素，发展特色产业以获得比较利益。当然，在选择具有比较优势的工业加以重点发展的同时，也必须利用信息革命带来的新一轮产业结构转换的契机，积极发展新兴行业，实施一批对经济转型和产业升级带动作用突出的新兴产业重大工程。

1.4.1.2 产品生命周期理论及其启示

产品生命周期理论是美国哈佛大学教授弗农1996年在其《产品周期中的国际投资与国际贸易》一文中首次提出的，起始于产品进入市场后的销售变化规律研究，主要从产品技术变化的视角出发，剖析了产品的生命周期，以及对贸易格局的影响。弗农指出：产品和人的生命具有相似性，要经历产生、成长、成熟、衰退等多个周期，即产品需要历经开发、引进、成长、成熟、衰退等多个阶段。处于不同技术水平的国家，产品生命周期的时间和过程具有差异，期间可能存在时差，而这一时差表现为不同国家在产品生产技术上的差异，由此反映在不同国家市场上同一产品竞争地位的不同，从而导致国际贸易和国际投资的变化。发达国家向国外转移产业的原因是为了顺应产品生命周期的变化，企业做出规避产品比较劣势的选择。由于产品及其技术生命周期的变动，其生产地随之进行调整，从而导致产品出口国或地区和进口国或地区发生变动。

产品生命周期理论能够帮助企业根据行业所处阶段来制定适当的发展策略。在对区域产业结构进行现状分析时，可以运用产品生命周期理论分析区域的主导产业、战略性新兴产业、传统优势产业和现代服务业的相关情况，根据产业产品所处不同生命周期的特点，制定相应的产品策略和营销策略。现代社会产品的生命周期越来越短，要想保持区域经济发展优势，在激烈的国际市场上占主动地位，就必须不断地进行技术创新，保持技术的先进性。

1.4.1.3　梯度转移理论及其启示

梯度转移理论指出一个国家的经济发展存在非均衡性，从客观上看，大都存在梯度差异。区域经济的强盛与否主要在于其产业结构的优劣，而产业结构的优劣又受到区域经济部门的影响，尤其是区域主导产业部门所处生命周期的阶段。若一个区域的主导产业部门在工业生命周期中处于较高的阶段，则该区域就处于高梯度。随着产品生命周期的变化和时间的推进，产业发展将按照顺序，由高梯度向低梯度区域逐渐转移。高梯度区域产业处于引领地位，其发展的关键在于不断创新，维持其技术领先地位；低梯度区域应该发展那些具有比较优势的初级产品和劳动密集型产业，积极引进外部优势资本和先进技术，从而实现从较低的经济梯度向上攀登，迈入发达区域行列。

作为产业转移过程中的重要环节，产业梯度转移理论符合经济发展的一般规律，有助于提升经济发展质量和效率，在区域经济发展中发挥重要作用。具体体现在两个方面：

(1) 对于区域内部而言，它是推动产业结构优化，促进产业升级发展的主导力量，直接影响到区域经济发展的质量、效率，以及整体竞争力；

(2) 从区域间协同发展的视角来看，它从客观现实出发，承认区域间发展的不平衡，认为具有优势的区域应较快地发展起来，并在高梯度向低梯度转移的过程中，借助于产业和生产要素，带动落后区域的发展。该理论是开展区域合作、处理区域矛盾、实现区域双赢的有力手段。

应用梯度转移理论，地方政府应该紧紧抓住机会，根据本地区的资源禀赋和其他优越条件，尽可能引进切合本地实际情况的相关产业，集中资金与资源实行重点发展，在地区间形成产业结构转换的连续关系，使产业空间分布同地区经济发展联系起来。例如，株洲的产业开发模式应该立足"两新"，突出两型，即突出节能、环保技术的产业化应用，实现经济增长方式从粗放型、城乡分离型向集约型、紧凑发展、城乡结合模式转变，从高消耗、大污染、生存型向绿色生态型、节约型、环境友好型转变。

1.4.2 工业化阶段判断标准

1.4.2.1 基于人均生产总值划分工业化阶段的标准

人均 GDP 是反映经济发展水平的综合性指标。美国经济学家钱纳里在《工业化和经济增长的比较研究》中，针对不同类型国家人均 GDP 和经济发展水平相互关系，提出"标准工业化结构转换模式"，并根据人均 GDP 水平将不发达经济到成熟工业经济的整个经济增长和结构转变过程划分为三个阶段、六个时期。在考虑了通货膨胀和货币贬值等因素后，中国社会科学院对钱纳里的发展阶段进行了修正，折算后的人均收入水平与工业化阶段标准如表1.1所示。

表 1.1 人均收入水平变动所反映的工业化阶段（单位：美元）

人均 GDP	前工业化阶段	工业化阶段			后工业化阶段	
时期	初级产品阶段	工业化初期	工业化中期	工业化后期	发达经济初级阶段	发达经济高级阶段
1964 年	100~200	200~400	400~800	800~1 500	1 500~2 400	2 400~3 600
1970 年	140~280	280~560	560~1 120	1 120~2 100	2 100~3 360	3 360~5 040
2000 年	660~1 320	1 320~2 640	2 640~5 280	5 280~9 910	9 910~15 850	15 850~23 771
2005 年	745~1 490	1 940~2 980	2 980~5 960	5 960~11 170	11 170~17 890	17 890~26 830

资料来源：中国社科院，《中国工业化进程报告》P.21。

1.4.2.2 基于三次产业结构划分工业化阶段的标准

根据美国经济学家库兹涅茨等人的研究成果，工业化演进过程可以通过产业结构变动来体现。在工业化初期，第一产业比重逐步下降，第二产业比重较快上升，并拉动第三产业比重提高；随着工业化的推进，当第二产业的比重超过第一产业比重并在国内生产总值结构中占最大份额时，进入工业化中期阶段；当第一产业比重下降到10%以下，第二产业比重上升到最高水平并保持稳定或有所下降时，进入工业化的高级阶段。期间，工业在国内生产总值中的比重将经历一个由上升到下降的"∩"形变化过程。工业化各阶段的产业结构变化如表1.2所示。

表1.2 工业化各阶段的产业结构变化

工业化阶段	产业产值结构的变动
工业化前期	第一产业产值比重 > 第二产业产值比重
工业化初期	第一产业产值比重 < 第二产业产值比重，且第一产业产值比重 >20%
工业化中期	第一产业产值比重 <20%，第二产业产值比重 > 第三产业产值比重
工业化后期	第一产业产值比重 <10%，第二产业产值比重 > 第三产业产值比重
后工业化阶段	第一产业产值比重 <10%，第二产业产值比重 < 第三产业产值比重

资料来源：中国社科院，《中国工业化进程报告》P.23。

1.4.2.3 基于就业结构划分工业化阶段的标准

由克拉克定理可知：随着人均收入的提升，劳动力先由第一产业向第二产业转移；当人均收入继续提升，劳动力便开始由第二产业向第三产业转移。该定理指出在工业化进程中，劳动力由低生产率的部门向高生产率的部门转移，反映了经济增长方式的转变过程，表明就业结构是一个国家或地区不同经济发展阶段的标志。就业结构如表1.3所示。

表1.3 配第－克拉克就业结构

配第－克拉克三次产业就业结构（％）			工业化时期
第一产业比重	第二产业比重	第三产业比重	
大于 63.13	小于 17.10	小于 19.17	准备期
小于 46.11	大于 26.18	大于 27.11	初期
小于 31.14	大于 36.10	大于 32.16	中期
小于 24.12	大于 40.18	大于 35.10	成熟期
小于 17.10	大于 45.16	大于 37.14	后期

1.4.2.4　基于城市化率划分工业化阶段的标准

西方经济学揭示出城市化与工业化两者具有正相关的关系。在前工业化的准备时期，城市化率一般在30%～50%之间；随着工业化进程的不断加快，在工业化中期，城市化率进一步提升，在50%～60%之间；在后工业化的稳定增长期，城市化率继续上升，大致在60%～75%之间。

综合考虑以上指标可判断区域工业化发展所处阶段（见表1.4）。

表 1.4　工业化发展阶段指标

基本指标	初级产品阶段	初级阶段	中级阶段	高级阶段	后工业化阶段
人均地区总产值（2005年美元）	745～1 490	1 490～2 980	2 980～5 960	5 960～11 170	11 170以上
三次产业产值结构	A>I	A>20%且A<I	A<20%且I>S	A<10%且I>S	A<10%且I<S
第一产业从业人员比重	60%以上	45%～60%	30%～45%	10%～30%	10%以下
城市化水平	30%以下	30%～50%	50%～60%	60%～75%	75%以上

注：A、I和S分别表示第一、二、三产业。

1.4.3　产业结构评价相关概念

1.4.3.1　产业结构熵

信息熵可以用来度量时间无序程度或指标离散程度，还可以衡量事物的不确定性。事物的不确定性越大，可能的状态或结果越多，信息量越大，而且获得各个信息的概率不同，信息熵就越大。在产业结构分析中，借用信息熵的概念，可以构造"产业结构熵"衡量产业结构均衡程度，以描述产业结构系统演进的状况，计算公式为：

$$H = -\sum_{i=1}^{n} P_i \cdot \ln P_i$$

其中 P_i 为第 i 产业产值比重，n 为产业种类数。

1.4.3.2 产业多样性指数

产业多样化指数是研究国家、地区或城市综合发展程度的指标。当某区域的产业部门相对单一时，其多样化指数偏低；当区域产业部门发展均衡时，其多样化指数偏高。本书采用产业多样化指数衡量产业内部各业产值比重的变化程度，公式为：

$$r = \frac{1}{\sum_{i=1}^{n} x_i^2}$$

其中 x_i 为产业内部各业产值比重。

1.4.3.3 偏离 - 份额方法

区域经济的变化是一个动态的过程，以该区域所在省或国家的经济发展为参照系，将某一时期区域经济总量的变动分解为结构偏离分量、份额分量和竞争力偏离分量三个分量，用以说明区域经济发展和衰退的原因，评价区域经济结构优劣和自身竞争力的强弱，找出区域内的优势产业部门，由此来确定今后经济发展的合理方向和产业结构调整的原则，这种分析方法即为偏离 - 份额分析法。

假定区域 i 在经过时间 $[0, t]$ 之后，其经济总量和结构均已发生变化。设 $b_{i,0}$ 为初始期(基年)区域 i 经济总规模(可用总产值或就业人数表示)，$b_{i,t}$ 为末期(截止年 t)经济总规模。在此基础上，将区域经济划分为 n 个产业部门，区域 i 第 j 个产业部门的初始期与末期规模分别用 $b_{ij,0}$，$b_{ij,t}$($j = 1, 2, \cdots, n$) 表示。并以 B_0，B_t 表示区域所在省或全国在相应时期初期与末期经济总规模，以 $B_{j,0}$ 与 $B_{j,t}$ 所示在省或全国初期与末期第 j 个产业部门的规模。

区域 i 第 j 个产业部门在 $[0, t]$ 时间段的变化率为：

$$r_{ij} = \frac{\left(b_{ij,t} - b_{ij,0}\right)}{b_{ij,0}}, (j = 1, 2, \cdots, n)$$

所在省或全国 j 产业部门在 $[0, t]$ 内的变化率为：

$$R_j = \frac{\left(B_{j,t} - B_{j,0}\right)}{B_{j,0}}, \left(j = 1, 2, \cdots, n\right)$$

以所在省或全国各产业部门所占的份额确定区域各产业部门规模标准化为：

$$b'_{ij,0} = \frac{b_{ij,0} B_{j,0}}{B_0}, \left(j = 1, 2, \cdots, n\right)$$

在 [0, t] 时段内，区域 i 第 j 产业部门的增长量 G_{ij} 可以分解为 N_{ij}、P_{ij}、D_{ij} 三个分量，具体表达为：

$$G_{ij} = N_{ij} + P_{ij} + D_{ij}$$

$$N_{ij} = b'_{ij,0} R_j$$

$$P_{ij} = \left(b_{ij,0} - b'_{ij,0}\right) R_j$$

$$D_{ij} = b_{ij,0} \left(r_{ij} - R_j\right)$$

其中 N_{ij} 为份额分量，是指 j 部门的全国或省总量按比例分配，区域 i 的 j 部门规模发生的变化，也就是区域标准化产业部门如按全国或全省的平均增长率发展所产生的变化量。

P_{ij} 为产业结构转移份额(或产业结构效应)，是指区域部门比重与全国或全省相应部门比重的差异引起的区域 i 第 j 部门增长相对于全国或全省标准所产生的偏差，它是排除了区域增长速度与全国或全省的平均速度差异，假定两者等同，而单独分析部门结构对增长的影响和贡献。所以，其值越大说明部门结构对经济总量增长的贡献越大。

D_{ij} 被称之为区域竞争力偏离分量(或区域份额效果)，是指区域 i 第 j 部门增长速度与全国或全省相应部门增长速度不同而引起的偏差，反映区域的 j 部门相对竞争能力，该值越大，说明区域 j 部门竞争力对经济增长的作用就越大。

为评价区域总的产业结构特征，令 $K_{j,0} = b_{ij,0}/B_{j,0}$，$K_{j,t} = b_{ij,t}/B_{j,t}$，引入区

域相对增长率指数 L、区域结构效果指数 W 和区域竞争效果指数 U，其中 $L = W \cdot U$。

$$W = \frac{\sum_{i=1}^{n} K_{j,0} \cdot B_{j,t}}{\sum_{j=1}^{n} K_{j,0} \cdot B_{j,0}} \cdot \frac{\sum_{i=1}^{n} B_{j,t}}{\sum_{j=1}^{n} B_{j,0}}$$

$$U = \frac{\sum_{i=1}^{n} K_{j,t} \cdot B_{j,t}}{\sum_{j=1}^{n} K_{j,0} \cdot B_{j,t}}$$

1.4.3.4 灰色关联分析方法

令 $x_0 = \{x_0(1), x_0(2), \cdots, x_0(m)\}$ 为参考数列，$x_i = \{x_i(1), x_i(2), \cdots, x_i(m)\}$，$(i = 1, 2, \cdots, n)$ 为被比较数列，则有：

(1) x_0 与 x_i 位于 t 点的关联系数：

$$\psi_i(t) = \frac{\min_i \min_t |x_0(t) - x_i(t)| + \rho \max_i \max_t |x_0(t) - x_i(t)|}{|x_0(t) - x_i(t)| + \rho \max_i \max_t |x_0(t) - x_i(t)|}$$

(2) x_0 与 x_i 的关联度：

$$r_i = \frac{1}{m} \sum_{t=1}^{m} \psi_i(t)$$

其中 ρ 称为分辨率，$0 < \rho < 1$，一般 $\rho = 0.5$。在本次分析中 i 代表产业（$i = 1, 2, 3$），t 代表时间（$t = 1, 2, \cdots, m$）。

1.4.3.5 基于 OCGM(1, 1) 模型的灰预测方法

OCGM(1, 1) 模型的灰预测过程如下：

第一步：对原始数据序列 $W^{(0)}$ 做 $1-AGO$ 处理得到 $W^{(1)} = \{w^{(1)}(1), w^{(1)}(2), \cdots, w^{(1)}(n)\}$。

第二步：将 $W^{(1)}$ 实行紧邻均值生成。

若 $w^{(0)}(k) \neq w^{(0)}(k-1)$，则令：

$$z^{(1)}(k) = w^{(0)}(k) \left[\frac{1}{\ln\left(\frac{w^{(0)}(k)}{w^{(0)}(k-1)}\right)} - \frac{\frac{w^{(0)}(k)}{w^{(0)}(k-1)}}{\frac{w^{(0)}(k)}{w^{(0)}(k-1)} - 1} \right] + w^{(1)}(k)$$

若 $w^{(0)}(k) = w^{(0)}(k-1)$，则令：

$$z^{(1)}(k) = 0.5w^{(1)}(k) + 0.5w^{(1)}(k-1)$$

得 $Z^{(1)} = \{z^{(1)}(2), z^{(1)}(3), \cdots, z^{(1)}(n)\}$。

于是：

$$B = \begin{bmatrix} -z^{(1)}(2) & 1 \\ -z^{(1)}(3) & 1 \\ \vdots & \vdots \\ -z^{(1)}(n) & 1 \end{bmatrix}, \quad Y = \begin{bmatrix} w^{(0)}(2) \\ w^{(0)}(3) \\ \vdots \\ w^{(0)}(n) \end{bmatrix}$$

第三步：利用最小二乘估计求参数列 $\hat{a} = (a,b)^T$，得到 $\hat{a} = (B^T B)^{-1} B^T Y$。

第四步：确定模型。

$$\frac{\mathrm{d}W^{(1)}}{\mathrm{d}t} + aW^{(1)} = b$$

时间响应式。

$$\hat{W}^{(1)}(k) = \frac{b}{a} + \frac{\sum_{i=1}^{n} w^{(0)}(i)\mathrm{e}^{-ai}}{\sum_{i=1}^{n} \mathrm{e}^{-2ai}(1-\mathrm{e}^{a})} \mathrm{e}^{-ak}$$

第五步：求 $W^{(1)}$ 的模拟值 $\hat{W}^{(1)} = \left\{\hat{w}^{(1)}(1), \hat{w}^{(1)}(2), \cdots, \hat{w}^{(1)}(n)\right\}$。

第六步：还原求出 $W^{(0)}$ 的模拟值，由 $\hat{w}^{(0)}(k) = a^{(1)}\hat{W}^{(1)}(k) = \hat{W}^{(1)}(k) - \hat{W}^{(1)}(k-1)$
得到 $\hat{W}^{(0)} = \left\{\hat{w}^{(0)}(1), \hat{w}^{(0)}(2), \cdots, \hat{w}^{(0)}(n)\right\}$，即得出 OCGM(1, 1) 模型的预测值。

1.4.3.6 影响力系数和感应度系数

(1)影响力系数：指某产业的生产发生变化时使其他产业的生产发生相应变化的系数。如果某产业的影响力系数大于1，说明该产业的影响力较强，对其他产业的发展起较大推动作用。

(2)感应度系数：指其他产业的生产发生变化使某产业的生产也发生相应变化的系数。如果某产业的感应度系数大于1，说明该产业感应程度高，容易受各产业部门影响的程度较大。在经济快速增长时，感应度系数较高的产业其发展速度一般都比较快。

1.5 本章小结

区域经济高质量发展离不开产业发展的支撑，产业发展离不开产业的优化升级，其主要通过人才、技术、资本、创新、政策，以及各种资源来推进不同区域内产业链的高效发展，以及在不同产业之间合理配置上述资源，建立有序、合理的产业结构，促进协同发展。本章主要阐述了区域产业优化升级研究的意义，梳理了国内外产业优化升级的研究现状，厘清了产业优化升级的概念，总结出本书所研究的问题，给出了本书研究的相关理论基础主要有比较优势理论、产品生命周期理论、梯度转移理论、工业化阶段划分标准、产业结构评价理论等，以及从供给端、需求端和制度等因素对产业优化升级的动力机制进行了剖析，为后续的研究提供相关研究基础。

第二篇 科技园(城)产业优化升级研究

 微观篇

园区一般以某一种或多种特色产业作为发展的内容,其地理范围相对较小,但它是承载产业发展的微观区域组织,在区域经济发展中发挥着重要作用。推动园区打造特色产业集聚,实现产业优化升级是湖南经济高质量增长的基础。推进区域产业优化升级,应结合当地特色,因地制宜,整合资源,重点提升科技创新水平,发展金融服务能力,打造优势产业链和健全的产业体系。本篇重点选择马栏山文创园、岳麓山国家大学科技城等区域,运用资源禀赋理论、比较优势理论等对区域产业优化升级发展路径,以及如何促进区域内产业优化升级开展深入研究。

第 2 章　马栏山文创园产业优化升级发展研究

文化产业是绿色产业，也是转型突破口。马栏山文创产业园符合绿色发展原则，是湖南文创产业发展的重要载体，也是引爆湖南文化创意产业集群式发展的着力点，各级政府给予大力支持，发展思路得到各界认可。为深入了解发展现状，抓住园区产业发展中存在的突出问题，结合文化产业发展实际，提出加快马栏山文化产业发展的对策建议。

2.1　马栏山文创园产业发展现状分析

文化产业是以生产和提供精神产品为主要活动，以满足人民的文化需要为主要目标，是指从事关于文化意义本身的创作与销售文学艺术创作、音乐创作、摄影、舞蹈等相关的企业。马栏山，位于湖南省长沙市开福区以万家丽北路与三一大道交汇处为中心向周围辐射的大片区域，是我国著名历史人物章士钊、张西曼等人的故乡。文化底蕴深厚的马栏山一直是国内文化产业发展集聚地，深处浏阳河畔的马栏山不仅仅是一座山，它见证了"电视湘军"的崛起史。对于"电视湘军"来说，马栏山是一种精神寄托，是一种情感的归属，而对于长沙来说，马栏山是长沙"头脑产业"聚集地。中国（长沙）马栏山视频文创产业园于2017年12月获批成立，是湖南省第一个国家级广播电视产业园区，是马栏山目前文化产业主要代表性产物。马栏山文化产业是为落实省委、省政府"创新引领、开放崛起"重大举措而打造的具有"国家创新创意中心"的战略布局，是实现"北有中关村，南有马栏山"的重要实践。因此马栏山也被新时代赋予了新内涵："中国视谷"马栏山文化视频文创园，以"文化＋科技"为发展方向，以数字视频为龙头，以高科技为引擎，是一个文化与艺术、科技与经济、产业与创新相融合的创新集群。

2.1.1　马栏山文创园区企业数量不断增加

自园区成立以来就始终将招商引资作为园区高质量发展的"助推器"，一直以来，园区都在加大招商引资力度，把握每一个合作机遇，在目前整个国家与各大城市都在进行产业调整与产业优化升级的关键时期，积极抓住每一次机遇，主动出击。在此期间，马栏山文创园主动融入京津冀进行招商引资、参与成都举办的第六届中国网络视听大会、在北京举行的马栏山时间VTIME专场招商推介会、深圳举办的"迎老乡回家建设"招商座谈会等，向全国各城市与各企业打开了自己的知名度。目前，马栏山文创园区项目建设稳步推进，招商引资如火如荼，公共平台日渐完善，2018全年新注册企业达171家，2019至今又新增168家企业，目前已有260多家企业注册落地，全国各地文化产业纷纷慕名而来，制作了500多个海内外知名视频，其累计播放量高达10亿余次。随着马栏山产业园区入驻企业不断增加，园区收益也在不断增长，文化产业园区2018全年实现总产值达400余亿元。

2.1.2　马栏山文创园环境不断优化

马栏山文创园是一个以数字视频文创为特色的产业园区，因此为促进其平稳发展必须要实现全球创新网络的构建与协同创新平台的建立，任何产业的发展都少不了高新技术的引进与研发。同时,马栏山具备得天独厚的优势,是湖南广播影视集团有限公司(简称"湖南广电")的驻扎地,周边文化产业众多,形成了一股良好的"文化浪潮",以及湖南省政府对文化产业的支持与鼓励,马栏山文创园区在这样的环境下成立与发展,具有深厚的基础。为了更好地加快马栏山文创项目和企业实行"走出去"的方针,长沙市政府成立了高端智库服务平台,集结了一群精通文创产业相关理论、政策以及相关技术的平台成员,能够更好地促进文创产业园区建设与发展。马栏山文创产业园同时秉承着"引进来"与"走出去"的双重目标,积极发展自身优势企业,如园区为探索视频文创产业教育新模式,与高校共同建立"马栏山视频文创学院",有针对性地培养园区所需要的文创产业高层次人才。

2.2　马栏山文化产业发展面临的问题

马栏山文化产业项目提出以来,省市区政府和湖南省广电多方共同参与推进,园区开发工作进展顺利。但是园区与市场对接有待加强,园区产业优化升级发展还存在一些问题。

2.2.1　园区开发管理责任主体缺位

目前园区开发准备基本完成,即将转入园区建设和招商阶段,但是园区开发的责任主体还不明确。前期工作主要由长沙市政府负责土地整理,湖南广电积极参与项目招商和园区土地开发,省政府负责最终决策,但园区开发整体统筹缺乏明确的责任主体,带来具体事务衔接的四方面困难:一是省市区多级政府的扶持政策如何承接和落地,各级政策出台后谁负责政策对接,没有承担决策落实的直接责任人。二是对于涉及省市两级政府和企业合作,缺少专职负责、多方协调和推进工作的人,缺乏常设的统筹协调和沟通机制,决策周期长。三是无法确定参与方的责权利边界,形成未来园区开发成果分享的机制,园区开发和招商工作机制不畅，影响工作衔接。四是缺少牵头负责的单位和目标责任人，影响园区开发机构建设、管理和制度创新，延误工作开展。

2.2.2 园区产业规划建设滞后开发需要

文创产业园的发展要以绿色产业为引领，通过产业发展带动城市发展和人口流入，产业规划与城建规划同等重要。由于产业规划的产业专业性要求高，与市场招商关系紧密，需要具有较丰富市场操作经验的开发主体参与编制。目前园区产业规划编制的责任主体不清，给园区开发带来两大不利影响：一是不利于园区精准招商和定位。缺少产业规划指导，哪些项目不能入园不明确，将影响招商选资决策，导致偏离特色园发展的初衷。二是影响文创园建设所需的公共基础平台项目落地。专业园区的功能型平台是园区发展的重要基础，视频文创类基础设施和公共服务平台是视频文创项目资源聚集的核心。此类平台项目具有基础性和公益性，需要重点规划发展。马栏山文创园要打造全国性乃至世界级的文创中心，需要专业人士把握行业规律长远规划。据湖南省广电的初步计划，可能需要配套中国视频文创产品交易展示中心、视频文化实验基地／众创孵化空间、传媒人才培养基地／实训中心、公共视频影视制作中心、AR/VR 实验室等功能性平台，这些标志性项目建设方式和方位等内容，需要尽快明确。

2.2.3 园区企业融资渠道单一

文化产业属于轻资产行业，主要是创意设计。马栏山文创园内的视频文创企业大多属于中小型企业，而且文创产品的产权价值难以精确评估，从而导致文创企业融资渠道十分有限，难以满足中小型视频文创企业的融资需求。受经济总量和金融环境等综合因素的影响，长沙市还没有构建市场化的投融资体系，主要体现为：一是与国内其他经济发达区域相比，区域内金融机构数量偏少。二是区域内金融业结构不太合理，银行等机构居多，而证券公司、基金公司、保险公司等数量较少。三是金融新业态发展相对滞后，各类资产管理公司、小额贷款公司、融资性担保公司等新兴金融机构扩展遭遇瓶颈，缺乏发展后劲。

2.3　马栏山文化产业优化升级发展对策

马栏山文创园的目标是打造湖南、全国乃至全世界的视频文创产业核心，不仅需尽快解决当前工作推进中遇到的问题和困难，还应当积极运用创新手段，增进各方合作，形成多方共赢的利益合作格局。

2.3.1　设立临时指挥机构，搭建核心团队

建议设立专职的临时指挥部或协调推进机构，负责项目推进的全面具体业务，暂行园区开发公司和政府派出机构职能，负责前期开发衔接和日常业务开展。指挥部向省市政府负责，处理园区建设的具体问题，保持与省市政府相关部门的沟通协调和汇报，遇到问题及时请示汇报，并负责出台临时意见和落实相关指示。指挥部人员选择可不限定于公务员身份，积极吸纳省内外懂文化类园区开发经营管理，有文化类企业从业背景的高层次人才加入，并且试行市场化薪酬体系。指挥部主要领导可由长沙市城投和湖南省广电推荐人选，由省政府考查和最终决定选择任用。同时组建园区文创产业发展研究中心，介入园区前期开发工作，针对园区省市两级政策落地和园区发展问题进行研究，出台园区发展的相关意见，培养和搭建园区发展的核心团队。

2.3.2　加快产业规划出台，推进园区精准招商

建立一方主导多方共同参与的规划编制机制，并确定在规定期限内完成产业规划的编制。建议先以园区文创产业发展研究中心或者湖南省广电为主导，编制《马栏山视频文创产业园产业规划》，经省市两级政府审定后再颁布

实施，产业规划可随着园区发展进一步细化完善，三年左右进行一次修编。产业规划主要明确与当前开发相关的内容：产业规划与城市建设规划的衔接，园区开发总体战略和阶段性目标任务，可开发土地的招商内容，以及建设哪些重点平台基础设施等内容。产业规划要指导园区精准招商，吸引国内外优秀的企业，构建结构合理的文创产业，打造具有竞争力的文化产业链。

2.3.3　大力创新体制，建设机构精简、运行高效的园区

建议将体制决策权交由临时指挥部根据需要决策，政府对机构设置提供建议，持有股权，对资产保值增值实施监管。目前国内园区的开发体制大致有由地方政府主导模式、企业主导的产业地产模式、政府与企业分工合作开发的三种模式，后两种相对具有机构精简和融资决策无须政府信用兜底的优势，是政府相对较优的选择。对是否设立管委会，开发公司如何组建，享有何种管理权限等制度性安排，由园区指挥部决定。园区开发公司由临时指挥部负责搭建，园区研究中心负责研究决定公司的组织结构框架、运营团队主要人员选拔录用标准、公司薪酬体系，并报政府履行股权监管的机构审核及备案。园区开发公司正式成立后，马栏山文创园开发公司全权负责土地运营，同时完全市场化运作，接受股东监督。在行政区划和政策管理创新方面，可将马栏山文创园作为湘江新区的产业飞地，直接享受湘江新区的所有改革创新优惠政策。

2.3.4　探索开放合作模式，凝聚发展合力

积极探索并利用混合所有制经济形式，鼓励多方合作参与园区开发。一是科学确定园区开发公司的股权结构，建议对省市区政府和湖南省广电在园区开发中的投入进行测算，政府的土地开发投入和项目税收返还激励等折算成园区开发投入，与湖南省广电的出资投入，共同核算园区开发公司的注册资本，协商确定未来开发公司的股权结构。二是本着有利于园区开发公司发展的原则，制定试运行考核激励办法。首先由政府资产监督管理机构与湖南广电等合

作方共同制定园区开发公司的税收返还激励政策，以及绩效评价体系。在保障
园区开发基本运行的基础上，通过考核园区的管理、服务水平和开发进度，设
定绩效考核标准，制定开发公司的返还奖励和薪酬激励政策，形成省市区政
府、开发公司与园区发展利益协同机制。三是建议支持在园区内建立园中园，
进行湖南广电众创空间、文创产业孵化器和加速器的园区实验。园中园由湖南
省广电拥有完全自主的运营决策权，享有与大园区相同的税收返还激励政策，
给予企业最优惠的创新创业支持政策，最大限度地发挥湖南广电在视频制作产
业孵化平台的潜力。

2.3.5　加强知识产权保护，创新文化产业融资机制

文化产业的产品容易被模仿和复制，对文化创业者而言，知识产权的保
护显得尤为重要，是文创企业健康发展的重要保障。首先，园区要进一步加大
知识产权保护法律法规的宣传力度，使得园区企业树立自觉尊重知识产权的意
识。其次，完善知识产权管理的规章制度，在制度约束企业行为的同时，为园
区企业提供知识产权相关法律的咨询与援助平台。最后，加大制度执行力度，
对违规企业实行黑名单制度、退园制度，优化园区文化产业发展环境。

完善文创企业融资机制。前文已指出，由于长沙文化企业以中小型企业
为主，较易面临融资难、融资贵等问题，为有效解决此类问题，一是需要充分
发挥区域内金融机构资源优势，鼓励金融机构针对文创企业的特点，开发出多
元化金融产品；二是探索政府部门与大型文创企业、金融机构等合作设立文化
产业投资基金，支持文创企业发展；三是积极推动文创企业上市，多方位实施
"文化＋金融"战略，助力马栏山文创园实现持续发展。

2.4　本章小结

马栏山文创园是湖南省文化产业发展的重要载体，吸引和集聚了省内外视频、创意和设计等产业链的相关企业，力图打造具有国内影响力的区域特色的产业。本章重点介绍了马栏山文创园的发展现状，发展过程中存在的问题，以及给出了马栏山文化产业优化发展路径。具体是通过设立临时负责机构，搭建核心团队；加快产业规划出台，完善园区招商准备；大力创新体制，建设机构精简、运行高效的园区；探索开放合作模式，凝聚发展合力。作为单一的特色产业园，需要聚集产业发展的优质要素资源，提升产业竞争力，由此推进园区内产业优化升级发展。

第3章 岳麓山国家大学科技城技术创新及产业化发展研究

为落实党的十九大精神，推进湖南省产业结构优化升级发展，湖南省委省政府从顶层设计出发，统筹推进基础研究、技术创新、成果转化以及高新技术产业化，以创新发展为理念，积极构建有利于创新创业的生态系统，借势打造一个具有全球影响力的岳麓山国家大学科技城。建设岳麓山国家大学科技城有利于充分发挥区域内科教资源优势和创新创业人才优势、提升创新创业能力、推进创新型城市建设、打造全省创新发展动力源、培育新型产业、优化产业结构和促进产业转型升级，从而加快将岳麓山国家大学科技城打造成中西部领先的科技创新策源地、科技成果转化地和高端人才聚集地，并发展成世界科技创新及成果产业化新地标。

3.1 岳麓山国家大学科技城发展现状分析

岳麓山国家大学科技城总面积约23.19平方千米，东至潇湘大道、西至麓景路南沿线、南至南二环、北邻桃花岭和龙王港，辖四个街道，即岳麓区岳麓街道、橘子洲街道、望月湖街道、西湖街道。科技城拥有丰富的创新资源、得天独厚的自然资源和区位优势。

3.1.1 人才资源

科技城内集聚了大量科研人员和创新型人才，拥有中国科学院院士7人，中国工程院院士28人，国家"千人计划"入选者139人，"万人计划"专家221人，"973计划"项目首席科学家19人(其中青年项目2人)，"长江学者奖励计划"特聘、讲座教授61人，高校杰出校友385人；企业拥有科研人才498 768人；近三年高校毕业生85 936人，留驻长沙毕业生14 711人。人才资源呈现总量大、精尖少、结构不合理的特点，科研人才数量与创业者数量不平衡，高校应届毕业生人数多，留驻人数少。人才引进以国内人才为主，国际化人才缺乏；双创服务人才数量逐年增长，但专业程度较低，以基础性服务人才为主。具体情况见表3.1、表3.2。

表 3.1　科技城人才资源类别对比表

人才类别	分类说明	数量		省外对比	
		长沙市	科技城	上海	北京
顶尖人才	参考《长沙市高层次人才分类认定目录》	493	385	1 318	2 924
领军人才		602	475	1 969	4 675
高级人才		2 437	1 586	11 236	32 924
科研人才		842 704	498 768	4 730 000	12 781 250

表 3.2　科技城高校大学生人才流动情况对比表

高校名称	2015 年		2016 年		2017 年	
	毕业生	留长人才	毕业生	留长人才	毕业生	留长人才
中南大学	8 404	1 398	8 909	1 295	8 869	1 362
湖南大学	7 757	920	8 377	983	8 258	1 254
湖南师范大学	5 257	720	5 187	662	5 268	753
湖南工商大学	3 460	493	3 460	493	3 460	493
湖南中医药大学	2 964	1 186	3 037	1 197	3 269	1 502

3.1.2　创新平台

湖南省目前拥有国家工程技术研究中心257个，省级工程技术研究中心282个，以及国家重点实验室180个，省级重点实验室141个，国家认定企业技术中心39个等。科技城现有国家级创新平台20个，其中国家重点实验室4个、国家工程研究中心4个、国家工程实验室5个、国家工程技术研究中心6个、国防科技重点实验室2个、国家工程化与创新能力建设平台1个、国家"2011协同创新中心"8个。科技城范围内有岳麓山大学科技园、桃子湖文化创意产业园、西湖文化园、后湖国际艺术园等4个园区；麓客众创、58众创、九合众创、中南大学学生创新创业指导中心等7个众创空间；岳麓山国家大学科技园创业服务中心1个国家级孵化器。科技城内高校科技创新平台集中在中南大学、湖南大学、湖南师范大学、矿冶研究院和矿山研究院，拥有强大的科研实力，但创新服务平台数量较少，并且大多数起步晚、发展时间短，但有较好的发展前景。科技城现有创新平台和服务平台情况分别见表3.3、表3.4。

表 3.3　科技城高校科技创新平台情况对比表

平台类型	数量	
	湖南省	科技城
国家重点实验室	18	4
国家工程实验室	9	4
国家工程研究中心	3	5
国家工程技术研究中心	15	6
国家"2011协同创新中心"	11	8
博士后工作（或流动）站	263	85
院士工作站	45	28

表 3.4   科技城创新服务平台情况对比表

创新服务平台类型	数量	
	长沙市	科技城
国家级孵化器	12	1
省级孵化器	10	3
众创空间	34	7
创业孵化园区	28	5

3.1.3   学科优势

科技城内聚集了中南大学、湖南大学、湖南师范大学、湖南中医药大学、湖南工商大学等高校，以及矿冶研究院、矿山研究院等多所国家级科研院所。其中，中南大学、湖南大学、湖南师范大学进入国家"双一流"建设名单。中南大学的医学、材料学、土木工程、机械工程、冶金、交通工程、管理科学与工程等，湖南大学的建筑学、土木工程、机械工程、车辆工程、化学和环境工程等，湖南师范大学的英语，湖南中医药大学的医学，湖南工商大学的会计、财务管理等都是优势学科，在省内外都有一定的影响力。优势学科的建设与发展对吸引人才、培育人才和留驻人才，加快建设创新平台、激发创新活力、刺激成果转化等有重要作用。高校和研究院所大量聚集是科技城区别于其他区域科技城的特色优势，有利于科技城对外宣传推广，以及对内建设创新策源地，关键是要将学科优势有效转化为产业化的推动力。科技城内高校一流学科对比情况见表3.5。

3.1.4   成果转化

湖南省2016年共承担了技术合同3 976项，成交金额105.6亿元。科技成果登记694项，获国家科技进步奖12项、国家发明奖3项、省科技进步奖164项、省技术发明奖15项、省自然科学奖39项。同年科技城内科技成果登记265项，

表 3.5　科技城内高校一流学科对比表

学校名称	一流学科数	软科学排名学科数总计	QS 学科数	U.S.News学科数	THE 学科领域数
中南大学	4	21	6	9	2
湖南大学	2	14	1	5	2
湖南师范大学	1	0	0	0	0
湖南中医药大学	0	0	0	0	0
湖南工商大学	0	0	0	0	0

作为参与单位获国家科技进步奖4项，共有596个项目获得国家自然科学基金资助，资助金额合计29 623.03元，78个项目获国家社会科学基金资助，资助金额合计1 800多万。科技城内科技成果主要集中在新能源、新材料、电子信息、航空航天、生物医药与医疗器械等领域。目前有2 000多个科研项目正在研发阶段，中试阶段的有300多个，待转化的有120多个，已产业化和量产的有近30个。科技城内科技成果总量大、种类多，但转化和产业化程度都不高，科技成果多停留在实验室阶段，未与企业需求及时结合。2011—2015年，全省高校、科研院所共有专利申请量20 893件，授权专利量为12 784件。

3.2　岳麓山国家大学科技城面临的主要问题

岳麓山国家大学科技城经过十多年的发展，取得了一定成绩，如学科建设、人才培养、创业平台和科研成果等都得到了快速提升，然而其发展与湖南省对其功能定位存在较大差距，尤其是其创新发展的引领作用，没有充分发挥，与国内一流大学科技城相比，有较大差距。

3.2.1　服务配套政策不完善，人才聚集度低

一是人才吸引政策体系不健全。虽然出台了一系列政策吸引人才，但由

于人才政策出台时间短，还未形成规模效应，同时出台的人才政策适用对象广泛，缺乏围绕岳麓山国家大学科技城发展的配套人才政策。二是人才发展环境不佳。人才服务体系以及人才保障制度不完善，环境与产业发展对人才的吸引力还不够，导致人才流失严重，特别是高端人才流向了政策支持力度更大的省市，岳麓山国家大学科技城的人才聚集度明显偏低。三是人才层次不高，行业分布不均。湖南人才结构性供需矛盾比较突出，企业高层次人才严重缺乏，特别是引领主导产业和新兴产业发展的领军人才与团队紧缺，生产一线的技术专家也相对缺乏。

3.2.2　创新平台活跃度不高，服务质量偏低

一是岳麓山国家大学科技城内高校和科研院所的科技创新资源对外开放度低、共享程度不高，创新平台与主体的创新创业意愿不强、活跃度不高，科技成果转化渠道单一，大多局限于平台自主转化。二是科技创新服务体系尚未形成，服务主体提供的双创服务还无法满足科技成果转化的个性化需求。双创服务平台的扶持政策不完善、营利模式不健全，风险控制管理模式不成熟。科技成果从研发、孵化、转化到产业化全流程服务链条还未健全，制约了成果转化效率。三是创业服务团队专业化程度还不高。科技城提供的双创服务以共性服务为主，增值服务欠缺，影响了创业主体活力的激发，导致成果转化进度放缓。因此，服务内容和服务模式亟待创新，服务质量和水平亟待提升。

3.2.3　科研体制僵化，成果转化率低

一是大学科技城主体之间协同合作不紧密。岳麓山国家大学科技城内的高校等主体之间未建立有效的联动机制以及资源共享机制，科技成果多停留在实验室阶段，未与企业需求及时结合，导致科技成果的供给与市场需求脱节。二是成果转化体制不完善。科技成果从研发到转化产业化全流程服务链条未打造，缺乏规范的科技成果与知识产权交易体系，科技成果转移转化服务体系不

完善，创业主体活力未激发，创业率不高，成果转化进度放缓。三是科技与金融融合不足。科技城缺乏将科技成果与金融结合的体制机制，双创金融服务体系不完善，缺乏政府资金支持，融资渠道单一，资金支持力度不足，成果转化率低。

3.2.4　协调共享机制不健全，统筹效率低

一是主管部门不统一。科技城内分管部门较多，缺乏统一政策导向的强制性力量，难以实行统一管理，构建良性互动机制，缺乏为科技城发展提供保障的组织架构。二是主体之间不协调。大学科技城内主体类型众多，既有部属高校，又有央企科研院所，还有各类企业，协调难度大。三是职责不明确。科技城内现有管理层级多，且职能交叉重叠，职责不明确，指令不通畅。

3.2.5　区域特色产业未形成，经济态势欠佳

一是产业定位不准确。科技城一直定位为科技园，没有形成全局发展理念，缺乏精准的产业定位，未形成产业特色。二是优势企业带动作用不强。科技城龙头企业的规模偏小，综合实力还不强，企业技术创新能力不足和产品科技含量较低，与科研成果对接机制不完善，辐射带动作用还不显著。三是产业集聚度低。科技城内各主体的市场化运作程度不高，未形成规模效应，导致产业集聚程度低，对经济发展的贡献度不够，当地经济发展态势欠佳，发展任务十分艰巨。

3.3　岳麓山国家大学科技城产业优化升级路径

为促进高校、科研院所进一步转变观念，积极开放人才、技术、信息、实验设施等资源，通过与社会上各类创新要素资源结合，迅速把综合智力优势转化为现实生产力，更好地为国家经济建设服务。科技城的核心功能是在产品

化的科研成果基础上孵化出科技企业。岳麓山国家大学科技城具有丰富的科技资源和得天独厚的地理条件，应围绕科技城的核心功能，加快科技成果转化，不断培育和孵化科技企业，促进区域内产业优化升级。

3.3.1　整合科创资源，为产业优化升级发展提供基础

科技城虽然资源丰富、地理位置得天独厚，但是由于历史原因，存在以下两个问题：一是各种优质资源都分散在各个高校、科研院所，不能被广大创新创业主体所应用，没有充分发挥创新资源的作用；二是岳麓山国家大学科技城所在区域经过长期的发展，已逐步成为长沙城区的一部分，由于没有科学规划，已分布了大量民居。因此，在科技城发展产业，必须着眼于当前的现状与特色。

3.3.1.1　加强科技资源整合，为产业优化发展提供多元支持

岳麓区拥有大量的科教和人才资源，应通过整合科技创新资源，弥补区域内创新资源供需之间的缺口。充分释放高校和科研院所的创新活力，促进各主体在产业链、创新链层面的有机深度融合，促进"政产学研"创新资源共享，推进协同创新。进一步推进科技成果转化的体制机制改革和能力提升，支持企业与科研机构按市场化原则合作开展技术创新活动，尽可能让企业成为科技创新的投资主体、创新活动的行为主体、技术成果的应用主体。

建立以政府为引导、企业为主体，广泛吸收金融机构、民间资本、风险投资资金共同参与的多渠道科技投融资体系，优化区域内资源整合金融服务，以创新链为载体配置资金链，优化财政的创新投入机制，提高资金投放的精准性和利用率。设立科技创新及其转化的专项资金，构建科学合理的大型科学仪器和科研设施共享服务后补助机制，鼓励科研机构和企业参与科学仪器设备和设施等创新资源的共享服务平台建设。

科技城应推动产业发展中企业的重要作用，使企业成为科技资源整合共

享的主体，发挥企业在创新资源中的主导作用，从而提升创新资源整合利用效率。科技城还应建立市场化的科技服务体系，培育和壮大技术市场，探索建立技术经纪人队伍，精准对接企业的需求，促进高校、科研院所科技资源的流动和转移。鼓励该区域内的创新主体积极引进外部优质科技资源，扩大开放合作，形成优势互补、资源共享、互促发展的合作机制。通过资源整合，加快成果转化孵化，为科技城产业优化升级发展打下坚实基础。

3.3.1.2　合理科学布局，为产业优化发展提供物理空间

大学科技城核心区现有总面积约23.19平方千米，规划范围东至潇湘大道、西至麓景路南沿线、南至南二环、北邻桃花岭和龙王港，覆盖岳麓区岳麓街道、橘子洲街道、望月湖街道、西湖街道等四个街道。

按照"风景环抱、全域配套、核心驱动、创新引领"的总要求，大学科技城核心区以中南大学、湖南大学、湖南师范大学等高校优势学科和长沙超算中心、五矿长沙矿冶研究院等科研机构为重点，整合国家重点实验室、研究中心等重点创新平台，建设综合性科技研发转化和孵化平台。以开放合作创新为发展理念，持续引进区域外一流科研机构，结合湖南和长沙优势产业发展，建立"两纵四横"(麓山南路、潇湘大道和阜埠河路、新民路、桃子湖路、牌楼路)、"三湖"(西湖、桃子湖、后湖)、多节点(湖南师大二里半、湖南大学超算中心、湖南大学登高路口、中南大学科技园〔研发〕总部、岳麓科技产业园)的产业发展格局，促进空间地理资源和优势学科资源高效结合，优化产业创新发展的物理空间布局。

3.3.1.3　建立中试配套基地，促进科技成果产业化

建立中试基地是科研成果转化为生产力的关键，是加快科研成果转化的必经之路。

(1)由政府出资建设综合性中试配套基地，引进外部科研企业来科技城开展

中试研究，探索科研成果转化为产品的内在规律性，将中试基地打造成为重要的技术研发和成果转化平台，为科技城相关产业的发展提供有力的科技支撑。

(2)依托高校、科研院所，建设具有研究开发、生产经营、机构设置、人员聘用等自主功能于一体的专业中试配套基地，并向科技城企业开放使用，加快科技成果的孵化和产业化。

3.3.2　做强双创服务产业，为科技城发展保驾护航

大学科技城的关键职能是提供双创服务，服务的水平和质量一方面直接影响到大学科技城内创新创业氛围，以及各主体的创新创业热情，反映了大学科技城的发展状况；另一方面，全面而优质的双创服务，又可催生出一个规模宏大的服务产业。因此，岳麓山国家大学科技城应高度重视双创服务产业的发展，通过市场机制，引进国际一流的双创服务企业，通过发展双创服务产业，营造科技城浓厚的双创氛围。在为科技城内企业提供优质服务，积累了丰富的经验和资源后，双创服务企业还可立足科技城，面向世界，服务全国。岳麓山国家大学科技城应重点发展的双创服务产业主要包括：众创空间、知识产权与成果交易平台等。

3.3.2.1　众创空间

众创空间是一种新型的低成本、便利化、全要素、开放式的新型创业公共服务平台，符合用户创新、开放创新、协同创新、大众创新的新形势，充分结合知识社会创新环境下的创新创业特点和需求，建立了市场化机制、专业化服务和资本化途径。科技城发展众创空间，主要从以下方面着手。

(1)加大对众创空间的政策扶持力度。政府应科学运用税收、财政贴息、以奖代补等政策手段，对各类型的众创空间的投资者，尤其是质量高和效果好的众创空间，给予多种形式的鼓励、奖励和补偿。出台多样化的扶持政策，如公共研发设备及平台资助、科研中心资助、创新项目配套资助等，加快建设众

创空间。

(2) 分类引导区域内众创空间的发展。支持以社会力量为主，构建市场化的众创空间。引导传统的众创服务机构建立新理念，运用新工具，改善运营机制和模式，以满足未来创新创业的新需求。

(3) 鼓励和推动高校、研究院所和企业以产业优化升级为导向，参与众创空间建设。发挥骨干企业的主体作用，盘活现有闲置厂房、设备等资源，建立专业化的众创空间或平台。

(4) 努力提升众创空间的专业服务能力。一是众创空间既要具备创业场地、设施等方面的"硬实力"，也要增强组织、协调、服务等方面的"软实力"，走专业化路线，不断提升服务创新创业活动的综合能力。二是要立足长远、尊重客观规律，依托区域内有条件的高校开展专业化的创新创业师资队伍培养，积极引进众创空间管理人才和咨询人才，为众创空间的发展提供人才支持。三是要发挥技术、咨询、信息等专业化服务机构在众创空间建设中的作用，建立众创服务联盟组织。

3.3.2.2　知识产权与成果交易平台

通过建设知识产权交易平台，帮助高校、科研院所和企业有效配置技术创新资源，促进知识产权的流转，实现知识产权的经济和社会效益。可通过线上和线下两种方式，加快建立知识产权与成果交易平台。

(1) 联合省科技厅、金科财智，共同搭建科技城知识产权与技成果转化综合服务中心，服务当地高校、科研院所、企业和个人进行知识产权与技术成果交易。通过引导国家级知识产权评级机构入驻，强化知识产权评估、成果转化、托管登记、挂牌竞价、转让报价、结算清算、法律与政策咨询等功能，增强中心功能，形成活跃的知识产权和成果交易市场。

(2) 建立全国性的知识产权与科技成果线上交易平台，让知识产权与技术成果交易双方便捷实时获得信息查询、发布供需信息、进行成果价值评估、实现技术和交易等基本服务，并通过合作服务机构获得委托研发、管理咨询以及投融资等增值服务，实现在线发布、在线评估、在线对接、在线交易等技术交易全流程服务，提升总体服务能力和水平。

3.3.3　立足区域资源，优化发展特色产业

立足科技城的现有资源，重点发展以轻资产型产业和服务业为主的产业。根据科技城内高校优势和科研院所研发专长，以及目前的产业基础和未来的发展前景，重点导入文化创意产业、新型电子信息产业、新材料和特种材料产业、节能环保产业、生物医药产业等五大轻资产型产业。

3.3.3.1　文化创意产业

文化创意产业主要包括广播影视、动漫、音像、传媒、视觉艺术、表演艺术、工艺与设计、雕塑、环境艺术、广告装潢、服装设计、软件和计算机服务等方面的创意群体。

发展优势：一是高校文化底蕴浓厚，具有相应优势学科和人才优势。二是长沙文化气息浓厚，岳麓书院、梅溪湖、马栏山、湖南省美术馆等文化艺术中心资源丰富，进行合作交流，可以培养出一批高质量的文化创意企业。三是文化创意产业基础扎实，湖南卫视等广播传媒文化创意产业处于全国领先地位。

实施路径：一是以历史文化厚重的湖南大学岳麓书院为核心，提升其在新时代的文化影响力，建立"湖湘文化大本营"，举办全球湖湘名人大会，推出"千年论坛"，策划出版经典图书；二是依托湖南中医药大学、湖南省中医研究院等中医科研机构，重点打造以"国学中医"为核心的文化创意产业，如教育培训、健康服务等；三是以湖南大学的工业设计及建筑学科为主，整合中南林业大学的园林设计专业，以及其他高校和科研院所的设计资源，开展以"现代设计"为核心的文化创意产业，主要包括工业设计、建筑设计、园林设

计、时尚设计等；四是大力挖掘科技城内 10 万大学生在文化创意方面的创新
能力和消费能力；五是进一步整合桃子湖一带艺术村，打造原创艺术及交易、
文化旅游、文化教育的重要基地；六是以湖南超级计算机中心的云计算为依
托，形成信息、资讯与设计服务中心。

3.3.3.2　新型电子信息产业

新型电子信息产业与人们的生活息息相关，其市场前景广阔，是我国重点
发展的战略性新兴产业之一，也是带动经济发展的重要支撑。通过新型电子信
息产业的发展，积极推进电子信息产业与大健康、大数据、智慧城市等领域深
度融合发展，从而带动电子信息产业链的延伸，进一步促进大学科技城的产业
发展。

发展优势：一是政府政策扶持。政府重视电子信息产业的发展，出台了
系列优惠政策，这有利于大学科技城发展这一战略性新兴产业。二是创新资源
支撑。一方面，新型电子信息产业是高校重点投入的优势学科，科研资源和人
才资源丰富；另一方面，科技城现已拥有国家超级计算（长沙）中心，可为信息
产业发展提供重要支撑。三是下游产业化应用支撑。科技城周边形成了以威胜
集团、华自科技、长城信息等为核心的新一代电子信息企业集聚发展，形成了
以电力智能控制、数字视听设备、自主可控计算机等齐头并进的产业形态。

实施路径：一是关键技术的研发。针对未来新型电子信息产业的核心关
键技术提前布局、重点投入，形成以关键技术为代表的核心竞争力，占领未
来市场。二是整合科技城的技术创新资源。依托中南大学、湖南大学等高校建
设信息服务创新研究中心和新型互联网及重大应用技术创新研究中心，以及围
绕国家超级计算（长沙）中心、中南大学信息安全与大数据研究院、中南大学透
明计算联合实验室，发展一批具有上下游关系的信息化企业。三是发展轻资产
型电子信息产业。与周边产业结合，加快发展信息服务、移动互联网、电子商

务、大数据、VR 等软件与信息技术服务产业，完善和提升硬件、软件与信息技术服务的三位一体产业链。

3.3.3.3 新材料和特种材料产业

特种材料和新材料是现代工业产品发展的基础和条件，已大量应用于能源、交通、医疗、信息等各领域，一般处于高新技术产业链的上游。特种材料和新材料具有优异的性能，为下游产品的发展提供了重要支撑，并带动其他相关高技术产业的突破和发展。随着我国社会经济持续快速发展，特种材料和新材料的应用领域不断拓展，产业带动效应显著，其发展前景十分广阔。

发展优势：一是政策导向明显。由于特种材料和新材料的基础性和先导性，国家陆续出台相应政策支持特种材料和新材料产业发展。二是市场需求增大。国内支柱产业及高技术产业发展对特种材料和新材料的需求不断增加。三是优势资源支撑。高校优势学科支撑，中南大学、湖南大学等高校具有建筑学、材料学、土木工程等相关优势学科，具有丰富的创新资源，其中，中南大学的材料科学与工程入选国家一流学科建设名单。科技城有政策、技术、人才等支撑，这有利于产业的快速发展。

实施路径：一是推进材料技术创新。依托中南大学、湖南大学材料学科、涂料学科的科研优势和人才优势，建设新材料创新研究中心；支持具有产业链优势的企业与本地高校联合设立特种材料研发基地。二是促进创新成果转化。加快特种材料和新材料的成果转化，培育创业企业更好地走向市场。根据市场需要，培育特种钢材冶炼添加剂、高铁变速器铜合金、飞机刹车片特种材料研发的高新技术企业，并向周边产业园转化。三是建立产业合作创新模式。以开放的理念，加强国际产学研结合，建立国内外"高校—企业—科研机构—大学科技城"的联盟机制，推进材料领先发展。

3.3.3.4　节能环保产业

经过二十多年的发展，环境保护投入不断增加，环保产业的比重越来越大。当前，党中央、国务院把生态文明建设摆在突出位置，大力推进绿色化发展。未来三年，中国节能环保产业投资将会增大，节能环保产业仍将保持高速发展。预计近年来中国节能环保产业将保持18%左右的增速。

发展优势：一是科研基础扎实。高校拥有环保技术、环保监测、工程监测等学科优势，以及建立了多个国家、省级重点研发平台；二是市场资源雄厚。湖南节能环保产业起步早，科技城周边节能环保企业数量多，且具有相应技术和资源基础。

实施路径：一是整合创新资源，设立创新中心。依托中南大学、湖南大学的优势学科，积极引进国际高端技术人才，建立节能环保技术创新研究中心；鼓励周边节能环保企业，在水污染治理、大气污染治理和节能环保领域设立技术创新中心。二是促进现有平台的创新能力。加大政策资金、服务支持力度，发挥国家重金属污染防治工程技术研究中心、国家环境保护有色金属工业污染控制工程技术中心等现有研发平台的作用，争取产生更多科技成果。三是利用市场化机制，激活创新要素，促进成果转化。充分发挥科技城节能环保创新平台的作用，吸引更多优秀技术和管理人才，促进科研成果转化。

3.3.3.5　生物医药产业

随着世界经济的发展、生活环境的变化、人们健康观念的转变以及人口老龄化进程的加快等因素的影响，近年来，生物医药行业一直保持持续增长的趋势。目前该行业已成为全球增长最快的行业之一，也是成长空间和发展机会最广泛的行业之一，市场潜力和获利前景巨大。生物医药产业具有广泛性，其集群现象非常明显。

发展优势：一是医药创新资源丰富。拥有以中南大学、湖南大学、湖南中医药研究院等为代表的从事生物医药开发的高等院校和科研机构48家。其中，基因工程药物、干细胞技术、组合生物合成技术、基因诊断和基因治疗等处于国际一流水平。蛋白质工程、中药新药高通量筛选、中药粉体技术等处于国内领先地位，新药研发数量居全国第四位。二是产业基础和配套优势。生物医药产业是湖南省重点支持的产业，其基础牢固，科技城周边发展了如九芝堂、双鹤医药、惠林干细胞、三诺生物、方盛制药、安淳科技、金沙药业、圣湘生物、德康制药、中和制药、大邦生物和德邦医药等一批生物医药企业。三是产业成长性强。生物医药产业链长，产业规模大，带动能力强，且能在较长时间内保持高速成长。

实施路径：一是产业技术研发。依托中南大学临床医学、麻醉学、预防医学、药学等多个生物医药优势学科，建设生物医药创新研究中心；充分发挥袁隆平院士、刘筠院士、夏家辉院士、姚守拙院士、官春云院士、姚开泰院士、卢光琇教授等为依托的创新性现代生物技术平台的引领和聚集作用。二是科研成果转化。梳理生物医药企业、高校和科研院所已经取得的成果，营造并优化环境，吸引更多战略投资者，发展特色中医、高端医药试剂、基因诊断、基因治疗等技术密集型产业，促进领域内科研成果快速转化。三是促进医疗与互联网、大数据相结合轻资产型产业的发展。

3.4　岳麓山国家大学科技城产业优化升级发展对策

围绕发展区域经济和打造创新高地的总任务，坚持"绿色、创新、融合、市场、开放"的发展原则，从提升科技创新能力、建设双创服务体系、加速科技成果转化、构建协同共享机制、聚集优秀双创人才、强化政策支撑等方面发力，因地制宜，重点发展研发、设计、服务等产业，并通过持续创新和成果转化不断促进科技城产业的优化升级。

3.4.1　加快科技创新步伐，提升创新能力

立足建设创新岳麓，构建优势突出、特色鲜明的区域创新体系，从基础能力创新、企业技术创新和发挥高校和科研院所创新效能三个方面出发，增强大学科技城创新能力，将其打造成具有国际水平的科技创新"会所"。一是着力提升创新基础能力。科技城应积极承担国家科技重大专项，依托企业、高校院所、产业技术研究院等创新资源，布局一批科研基础设施和平台，以先进轨道交通、新材料、电子信息、节能环保、生物医疗等领域为重点，从预研、新建、推进和提升四个方面逐步完善重大科研基础设施和平台体系，提供科技研发、技术服务、设备共享、检验检测等服务。二是强化企业技术创新主体地位。完善以企业为主体的技术创新机制，深化企业主导的产学研合作，支持企业与高等院校、科研机构、上下游企业、行业协会等共建研发平台和产业技术创新战略联盟，建设产业关键共性技术创新平台，合作开展核心技术、共性技术、关键技术研发和攻关，联合申报国家、省、市重大科技产业化项目。三是发挥高校和科研院所创新效能。积极发展研究型大学与新型研发机构，促进湖南省高等院校和科研院所融入大学科技城区域创新体系，建设一批面向应用、体制机制灵活的高水平研发机构；推进科研检测设施的开放共享，鼓励高校和科研院所以市场化方式向社会开放实验室、科研设备，提高科技资源使用效率。

3.4.2　创新双创服务供给，打造服务高地

大学科技城通过为创新创业主体提供优质的双创服务，营造良好的创新创业环境，集聚科技人才，从而激发主体的创新创业激情。一是营造良好的双创环境。具体包括基础设施完善，现代管理制度建设、中介服务体系以及合理的激励机制与学习机制等五个方面，通过建立良好的双创环境，激发大学科技城内各主体的双创热情。二是提升信息化平台服务水平。建立科技城统一的信息化平台，整合各种信息资源，提高信息资源的使用效率，推动更多主体开展

创新创业活动，为科技城创新创业能力的发展提供有效支撑。三是做强双创服务产业。科技城应充分发挥科创资源优势，以满足科技创新需求和提升产业创新能力为导向，完善科技服务体系，创新科技服务模式，提升科技服务能力，促进科技服务的专业化、信息化和国际化发展。同时，应积极做优做强研发服务业、做精做深设计服务业、积极发展创业孵化服务业、培育科技推广与技术转移服务业，并加快发展科技金融服务业、鼓励壮大提升工程技术服务业、着力发展科技咨询服务业、加快提升教育培训和培育知识产权等其他服务业。

3.4.3　加速科技成果转化，培育优势产业

大学科技城的建设目的是要进一步转变观念，促进高校、科研院所开放人才、技术、信息、实验设施等创新资源，对接社会上各类创新资源需求，优化机制，加快科技成果转化，培育优势产业。

(1)创新科技成果转化机制。建立科技成果转移化的市场定价机制，整合区域科技成果转移转化服务资源，探索各种定价机制，如协议定价、在技术交易市场挂牌交易、拍卖等，促进科技成果转移转化效率提升；建设科技成果转移转化服务体系，积极打造国家中部技术转移中心，提升创新能力和科技成果转化能力；加强各主体科技成果转化的协同，优化科技成果转化流程。

(2)深化高校、科研院所转制改革。鼓励高校和科研院所等主体建立权责明确、管理科学的现代企业制度；鼓励科研事业单位科技人员在职离岗创办科技型企业、转化科技成果。

(3)推进科技与金融结合。完善创业金融服务体系，积极吸引社会资本投资于创业企业；拓宽科技型企业融资渠道，推动互联网和科技金融产业融合，鼓励互联网金融企业开展业务创新；扩大高新技术企业科技保险试点，建立知识产权质押融资市场化风险补偿机制，简化知识产权质押融资流程。

(4)优化产业空间布局。按照"风景环抱、全域配套、核心驱动、创新引领"

的总要求，以中南大学、湖南大学、湖南师范大学等高校优势学科和长沙超算中心、五矿长沙矿冶研究院等科研机构为重点，整合国家重点实验室、研究中心等重点创新平台，结合科技城的特点，重点引进、培育和发展创新创业服务产业、轻资产相关产业，依次建立以服务业为主的中间层和以产业转化为主的孵化层，逐步将科技城发展成为创新服务的"航母"和成果转化的"超市"，打造科技城及周边区域产业优化升级的新引擎。

3.4.4　构建协调共享机制，统筹全面发展

科技城辖区内有高校、研究院所和企业等多种主体，利益冲突问题严重，缺少统筹规划与管理，协调难度大。应构建协调共享机制和良性互动机制，实行统一管理，为科技城发展提供组织保障。

(1)科学构建组织架构。为打破各主体之间的隔墙，应从省委省政府层面高规格成立科技城决策委员会，负责辖区内重大决策事务处理与统筹协调，决策委员会下设相对独立的科技城管理委员会，实行"政府引导、市场主导、高校和企业等主体共同参与"的管理模式，有效解决政府主导所带来的弊端，同时又规避了高校、研究院所各自为政等问题，还有利于整合多方资源，调动积极性。

(2)创新管理体制机制。明确科技城决策委员会、科技城管委会与高校、研究院所和企业之间的关系。明晰管理职责，设立专门承担政府相关职能服务的部门，所设立的部门由高校等主体派驻人员，专职负责成果转化、项目服务、人才引进和交流合作的相关工作。按照"一校一园"的模式建立大学科技园、科研总部或双创基地，有效加快成果转化和创新创业。

(3)构建高效协调机制。建立基于各主体的利益协调和分配机制，按照责权利相统一和市场化的原则，由管委会牵头组织，各利益主体参与，定期进行沟通协调，求同存异，形成有利于调动各方积极性、发挥科技城整体优势、实

现共同发展的管理运行机制。

3.4.5　建立人才支撑体系，聚集优秀人才

围绕打造人才聚集高地的主要任务，以开放的姿态，面向国内外，着力聚集一批优秀的创新创业人才，把科技城建设成为人才聚集力强、人才总量大、人才素质高、人才结构优的人才密集区。构建人才支撑体系，应从优化人才双创环境、加快人才队伍建设和优化双创人才结构等方面着力。

(1)改善人才服务环境。健全引才聚才的政策环境，大力实施高层次、高技能，与产业发展相融合、与企业需求相衔接的重点人才招引和培养工程，积极贯彻落实各项人才政策，保障科技城发展的人才需求。建立用才留才的服务体系，从利益、服务、生活等方面留住人才，如鼓励以技术入股、参与利益分配，以市场价值回报人才价值，做好人才安居保障工作等。营造爱才敬才的社会环境，对人才的利益、人才的需求、人才的成果和发展给予充分的尊重和关心，促进人才健康成长，增强凝聚力、向心力和战斗力，营造爱才敬才的社会环境。

(2)加快人才队伍建设。借助长沙人才新政，以引进或培养高层次、高技能人才为重点，统筹推进多层次人才队伍建设，加强技术创新人才、企业经营管理人才、专业技能人才等创新人才队伍建设。

(3)优化双创人才结构。以构建文化创意产业、新型电子信息产业、新材料和特种材料产业、节能环保产业、生物医药产业、服务业六大产业集群为重点，通过国内外引才和科技城内部人才培育相结合的人才优化计划，快速打造适合科技城产业布局的各类人才。根据科技城产业发展要求，突破主体间人才封闭格局，加强内部交流，促进人才合理流动与重组，实现人才结构与经济结构调整一体联动，区域内人才资源共享，促进人才在不同产业内的合理分布，促使人才的知识结构、年龄结构和能级结构趋于合理，为科技城产业优化升级

提供人才支撑。

3.4.6　强化政府政策支撑，激发升级活力

科技城的建设与发展虽立足于长沙，但目标是辐射湖南，以及中西部地区。为有效发挥科技城创新创业引擎与原动力的作用，更好地服务区域创新创业和经济建设，应从省市层面提供优惠政策，支持科技城产业优化升级发展。

（1）科技城的科技成果，条件允许的，应尽量就地转化和产业化，对就地产业化的辖区企业，缴纳税收的省市留存部分，全部返还；对输送转移到长沙市或省内其他区域的企业，与产业化所在地分享企业留存在地方的税收。

（2）以市场化为原则，以资本为纽带，共享创新创业成果，建议以财政资金为主，带动社会资本，在科技城设立"双创"发展基金。

（3）创新考核政策体系。建立健全以创新创业发展为导向的绩效考核政策，加强技术创新、成果孵化与管理部门工作目标责任制考核，将科技城基础设施建设和科创工程的各项工作列入年度考核目标，突出创新发展能力的考核权重。加强督促检查，建立完善工作推进落实的督查机制，定期对各项重点工作进行督查，推动各项工作任务的落实。

3.4.7　推动开放协同发展，提升发展水平

加快岳麓山国家大学科技城的发展，需要以科技为中心，创新为驱动，企业为主体，市场为导向，高校科研院所为支撑，加快推动各要素协同发展，提升科技城产业发展水平。

（1）要推进科技城内各主体的协同创新。健全良性互动机制，将政府、企业、高校、科研机构、孵化器、投资机构等创新主体和要素有效串联与聚合，加快形成"优势互补、资源共享、互惠互利、共同发展"的局面，构建"政产学研金"协同体系，促进科技城协同发展。

（2）加强与周边大学、科研院所、开发区的协同发展。建立科技城各类科

研资源、创新资源开放共享制度，入城企业免费或按定额享有图书资源查阅、试验检测分析、教育培训和办公会议等服务，所需资金由财政列支。

(3)引进国内外知名高校到科技城开办分校、科研机构，提升国际化发展水平。重点推进院士实验室、国家级科研平台、国际创新平台等科研平台建设，以及"双一流"建设。打造国际创新交流平台，定期举办国际学术交流研讨会、高层次论坛、杰出科学家讲坛等，了解各领域最新研究动态；建立基于互联网平台的线上科技创新交流平台，自由发表学术见解，共同推进科技创新交流合作。

3.5 本章小结

岳麓山国家大学科技城聚集了湖南多所高校和科研院所，是湖南创新资源最为密集的区域，有条件打造成为国内创新高地，为此，需要进一步激发创新动力、促进科技成果转化，通过科技城产业的发展辐射和带动区域产业协同发展。本章重点介绍了岳麓山国家大学科技城发展的现状、发展中存在的问题、岳麓山国家大学科技城产业优化升级路径，以及发展对策。由于大学科技城具有区域自身的特点，是创新的策源地，产品大都位于生命周期的早期，在创新资源上有明显的区域比较优势。科技城的范围大于园区，其产业种类也更为多元。因此，本章在岳麓山国家大学科技城的发展现状的基础上，提出依托大学科技城创新资源而发展的特色产业，提出优化路径，以及从多角度给出相关对策建议，旨在促进岳麓山国家大学科技城的健康、快速发展。

市州产业优化升级研究

第三篇

中 观 篇

　　本篇拟根据新常态下产业优化升级的基本需求，以创新发展、绿色发展和开放发展等理念为指导，融合资源禀赋、比较优势、产品生命周期、梯度转移、主导产业选择等理论，选择典型的中观区域——株洲市、大湘西，通过定性和定量分析其产业结构的现状，总结区域内产业发展面临的问题，提出中观区域产业优化升级的对策。通过本篇研究，提高市州产业布局的合理性，打造特色产业集群，加快推进区域经济高质量发展，在实践上旨在为市州产业结构优化升级提供理论指导和参考。

第4章　株洲市产业优化升级研究

4.1　株洲市产业结构现状分析

株洲市是我国八大工业基地之一，分析株洲市产业结构的基本情况，以及其一般发展趋势，推动区域产业结构调整，建立一种有效的转换机制，有利于促进株洲市的经济和社会健康发展，其意义显著。本章从株洲市经济发展现状、产业结构演进、产业结构的优势和存在的问题等方面分析株洲市产业结构现状，旨在为株洲市产业结构优化升级提供基础。

4.1.1　株洲市经济发展现状分析

产业经济学的经典理论表明，一个国家或地区产业结构的变动与经济发展紧密相连，产业结构优化是经济发展的强大动力，而经济的发展又有助于产业结构的优化升级。本节从株洲市工业化阶段判断和产业部门结构特征两方面分析株洲市经济发展的现状。

4.1.1.1　株洲市工业化阶段判断

2018年株洲市经济保持平稳较快增长的态势，各项社会事业取得了新的进步。全市生产总值为2 631.5亿元，第一产业产值185.5亿元，第二产业产值1 149.2亿元，第三产业产值1 296.8亿元。全市总从业人数为246.4万人，其中第一产业为78.4万人，第二产业为78.4万人，第三产业为89.6万人。人均生产总值为65 447元，城市化水平为61%。

（1）基于人均地区总产值的判断。人均地区总产值是衡量一个地区经济发展水平的重要指标之一，不仅能反映一个国家或地区国民的富裕程度，而且还是一个全球工业阶段划分最基本的核心指标。通常来说，人均地区总产值越高的，其工业化程度也越高，反之就越低。

2018年，株洲市人均地区生产总值达到65 442元，比2017年增长7.7%。按照现行的工业化阶段划分标准，处于工业化高级阶段。

（2）基于三次产业结构的判断。经济的发展水平可以通过产业结构的变动来反映。美国学者西蒙认为，工业化初期和中期，农业与工业"二元结构"之间的转变是产业结构中最重要的变化。工业化初期，第一产业的比重高于第二产业，随着工业化水平的逐步提升，第一产业的比重开始下降，第二、三产业的比重相应提升。如果一个区域第一产业比重降低至20%时，且第二产业的比重高于第三产业时，则表明该区域进入工业化的中期阶段。

2018年株洲市三次产业产值分别为185.5亿元、1 149.2亿元和1 296.8亿元，计算求得三次产业产值比重为7.1：43.7：49.2。比照库兹涅茨的产业结构标准，株洲市已处于工业化高级阶段。

（3）基于就业结构的判断。经济增长方式的转变过程往往伴随着就业结构的变化，某区域经济发展水平越高，其产业结构就越趋向于合理化与高级化。这表明就业结构的变动是区域经济位于不同发展阶段的重要指标之一，不同的发展阶段有不同的就业结构。具体而言，工业化初期，第一产业从业人员比重处于45%~60%之间；工业化中期，第一产业从业人员比重在30%~45%之间；工业化后期，第一产业从业人员比重在10%~30%之间。

根据2018年株洲市三次产业从业人员数，计算求得三次产业从业人员比重为31.8：31.8：36.4，处于工业化中期阶段。

（4）基于城市化水平的判断。国外学者指出城市化与工业化两者之间具有正相关的关系，工业化水平的提升可导致产业结构的变化，城市化水平也随之提高。在前工业化的起步阶段，城市化水平一般在30%~50%之间；随着工业化的逐步推进，在工业化的实现和经济增长阶段，城市化水平不断提升，大致处于50%~60%之间；在后工业化的稳定增长阶段，城市化水平继续提升，在60%~75%之间。2018年株洲市城市化水平为60%以上，表明已处于工业化的高级阶段。

综上分析，株洲市已经进入工业化发展的中后期阶段，经济发展正逐渐走向集聚发展阶段。在今后的一段时间内，是株洲市产业结构转型升级的重要时期。

4.1.1.2　株洲市产业部门结构特征

目前，株洲市已进入工业化发展的中后期阶段。在工业化进程的推动下，株洲市的第二产业将会加快发展步伐，第二产业产值的比重及劳动力比重快速上升。科技创新的不断加快，生产力水平的不断提升，在这些因素的影响下会促进劳动力向第三产业转移。2018年株洲市三次产业产值比重为7.1∶43.7∶49.2，三次产业对地区总产值的贡献率分别为3.3%、50.5%和46.2%，三次产业从业人员比重为31.8∶31.8∶36.4。各产业数据所占的比例如图4.1、图4.2和图4.3所示。

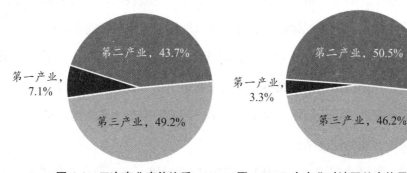

图 4.1　三次产业产值比重　　图 4.2　三次产业对地区总产值贡献率

图4.3 三次产业从业人员比重

从图4.1可以看出，2018年株洲市第三产业产值占有较大的比重，略高于第二产业产值，并且相对第一产业产值占有绝对的优势。此外，从图4.2可以看出，第二产业对株洲市地区总产值的贡献率明显高于第三产业和第一产业，是经济发展的第一大产业。从图4.3可以看出，三次产业从业人员比重呈现"三一二"的结构，第一产业和第二产业人数相当。随着经济的发展，工业化程度进一步推进，第一产业从业人员比重会逐渐下降，第二和第三产业从业人员比重呈现上升趋势，特别是随着智能制造的推进，第三产业的从业人员将越来越多。

综上所述，尽管株洲市的第三产业产值超过第二产业，但整体上仍是"二三一"的产业结构模式。其中第二产业是国民经济的主体，贡献最大，第一产业比重下降明显，第三产业发展相对较快。经验表明，随着工业化的不断推进，产业结构会发生规律性的变化。随着地区工业化程度的不断提高，第一产业劳动生产率不断提高，将产生大量的剩余劳动力并向第二、三产业转移。此外，由于产业特点，新增资本投入将主要集中在收益相对较高的第二、三产业，对第一产业的投入较低，也将影响第一产业的增长，这些因素将不同程度地限制第一产业的快速增长。

目前，株洲市已进入工业化发展的中后期阶段。在工业化进程的推动下，株洲市的第二产业将会加快发展步伐，第二产业产值的比重和劳动力比重将会迅速提升。科技进步的不断加快，生产率的提高，这些因素都会促使劳动力向第三产业转移。

4.1.2　株洲市产业结构的演进分析

改革开放以来，中国经济发展产生了深远变化，株洲市作为中部地区工业重镇，其产业结构经历了巨大的变动。本节以1978—2018年株洲市经济数据为分析对象，并采用趋势图、产业结构熵等方法及指标分析产业结构演进的总体特征。此外，通过趋势图、产业多样化指数等方法及指标分别对三次产业内部的结构演进进行分析。

4.1.2.1　株洲市产业总体结构演进分析

本小节对1978年以来株洲市历年地区总产值变化趋势以及三次产业产值占地区总产值的比重进行分析。此外，采用产业结构熵对三次产业演进的整体特征进行分析。

根据1978—2018年株洲市经济数据，绘制出株洲市地区总产值变化趋势图，结果如图4.4所示。

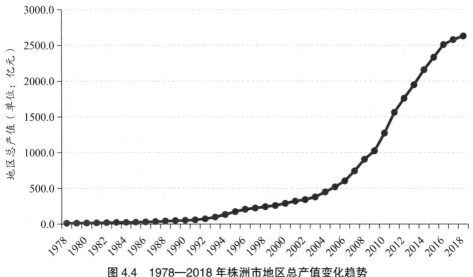

图 4.4　1978—2018 年株洲市地区总产值变化趋势

从图4.4可以看出，1978—2018年间，株洲市地区总产值都发生了巨大变化。从图中的变化趋势可以发现，株洲市地区总产值的增长趋势基本一致，并可划分为三个阶段。第一阶段为1978—1991年，地区总产值都增长非常缓慢。这可能是由于这一时期为改革开放初期，株洲市刚从计划制经济过渡到市场制经济，经济和社会发展正经历大范围的调整和适应过程，经济增长呈现平缓的态势。第二阶段为1992—2003年，地区总产值的增长呈现较快的趋势。这一时期内，株洲市经历改革开放初期的调整和适应后，经济社会各方面趋于稳定，全市上下齐心协力加入经济建设中。第三阶段为2004—2018年，地区总产值处于快速增长时期。这一时期，中国已加入世界贸易组织（WTO），并参与激烈的国际经济竞争。在此环境下，株洲市更加广泛地调整区域发展战略，转而参与国际化合作与竞争。国外先进的管理理念以及领先的技术被引进株洲市企业发展中，全市经济得到迅速发展。改革开放至今，株洲市地区总产值由1978年的13.5亿元提高到2018年的2 631亿元，约增长190倍；人均GDP由1978年的467元增长到2018年的65 447元，约增长140倍。1978—2018年长达40年间，株洲市经济发展实现了跨越式飞跃。

根据1982—2018年株洲市三次产业产值和地区总产值数据，计算出三次产业产值占当年地区总产值比重，并绘制出趋势图（如图4.5所示）。

从图4.5可以看出，株洲市产业结构的总体趋势是第一产业产值比重下降趋势明显，由1982年的33.7%降为2018年的7.7%。第二产业产值在地区总产值中的比重一直占有较高的份额。从1982年至后续的大约30年间，第二产业产值占比维持在50%上下浮动。第三产业产值比重整体上呈上升的趋势，并在近10年经历了一段下降时期。第三产业产值比重由1982年的16.3%增长到2007年的峰值38.3%，随后有所下降，但后续又呈上升趋势，2018年的49.3%，首次超过了第二产业产值。

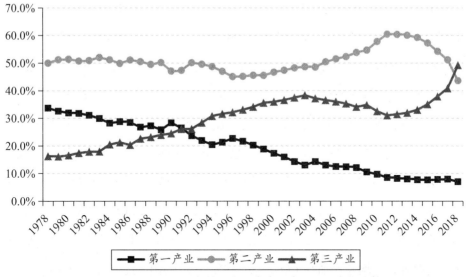

图 4.5　1982—2018 年株洲市三次产业产值比重变化趋势

将图 4.4 和图 4.5 结合分析可以发现，株洲市产业结构遵循一定的演进规律。根据地区总产值和三次产业产值比重变动情况，可将株洲市 1978—2018 年产业结构演进过程划分为两个阶段。

第一阶段为 1978—1991 年，三次产业呈现"二一三"的结构。该阶段株洲市地区总产值增长非常缓慢，由 1978 年的 13.5 亿元增长到 1991 年的 61.1 亿元，年均增长约 3.7 亿元。这可能是由于改革开放初期，社会经济制度还处于调整和完善时期，人们所需的大量工业品还比较匮乏，社会经济生产很大一部分用于满足人们衣、食等基本生活需求，以饮食、纺织品为代表的初级工业加工品发展较快。在此期间，第二产业产值比重占地区总产值 50% 左右，其中工业产值占据第二产业产值的 90% 左右，处于株洲市经济发展的主导地位。此外，第三产业产值比重持续上升，而第一产业产值比重呈现走低趋势。这可能由于人们大量的基本生活消费品需求带动了第三产业，尤其是交通运输和批发零售等产业快速发展，进而推动第三产业产值比重增长，并在 1992 超过第一产业，达到 26.3%。随后，株洲市三次产业结构发生了转变。

　　第二阶段为1992—2017年，三次产业呈现"二三一"结构。该阶段可进一步划分为两个细分阶段，其中1992—2003年为第一期，2004—2017年为第二期。在第一期中，株洲市地区总产值增长速度较第一阶段有所加快，年均总产值约230亿元。在三次产业产值比重中，第一产业产值比重一直处于下降趋势，而第三产业产值比重持续增加，第二产业产值比重略低于50%，并明显高于第一和第三产业。在这期间，国家加强调控过剩经济，一批生产效率不高、技术水平落后、产能过剩的企业纷纷淘汰出局，第二产业发展速度略有放缓。由于农村基本生活条件得到改善，农村富余的大量劳动力转向第二和第三产业，尤其是第三产业得到了快速发展。在第二期中，地区总产值增长速度明显快于前面所有时期，年均总产值约1 080亿元，约为第一期年均总产值的5.5倍。随着长株潭"两型社会"建设推进，株洲市主要通过产业结构调整加速现代服务业和高新技术产业发展，并改造传统产业。在冶炼、化工、机械、建材、农产品深加工等领域，通过资产重组和跨境并购形成企业集团提升竞争力。通过推进新型工业化进程，大力扶持装备制造、新能源、新材料等优势产业和企业，淘汰落后的高能耗、高污染的小纺织、小水泥、小冶炼、小钢铁等产业，并提升整合优化工业生产条件。这些措施促使该阶段工业年均产值达到约544亿元，占第二产业产值约90%。

　　总体上，株洲市三次产业结构从1978年的"二一三"转变为1992年的"二三一"，到2018年，又调整成为"三二一"，这个趋势能否延续，还有待验证。株洲市经济发展已经进入工业化发展的中后期，产业结构不断升级，产业结构体现出高级化趋势。

　　对1978—2018年株洲市三次产业产值比重采用产业结构熵公式计算求得产业结构熵，并绘制出变化趋势图，结果如图4.6所示。

图 4.6　1982—2018 年株洲市三次产业结构熵变化趋势

从图 4.6 可以看出，1978—1997 年间株洲市产业结构熵保持在 1.0 左右。在此期间，株洲市第二产业一直处于主导地位，第一和第三产业有所调整，但整体产业结构较为稳定。1998 年后，产业结构熵呈现上升的趋势。可能由于长株潭"两型社会"建设的推进，株洲市调整三次产业结构，第二产业内部进行优化，工业企业更加注重投资回报。其次，第一产业的比重逐渐降低，与此同时，第三产业得到较快发展。

4.1.2.2　株洲市三次产业内部结构演进分析

本小节分别对株洲市三次产业内的主要细分行业进行分析，用以研究株洲市产业结构内部的变化情况。由于 2006 年行业划分发生变化，部分分析过程采用了 2010—2018 年株洲市经济数据。

（1）第一产业内部结构演进分析。根据 2010—2018 年株洲市第一产业内部农、林、牧、渔业产值计算出各业产值比重，并绘制出变化趋势图，结果如图 4.7 所示。

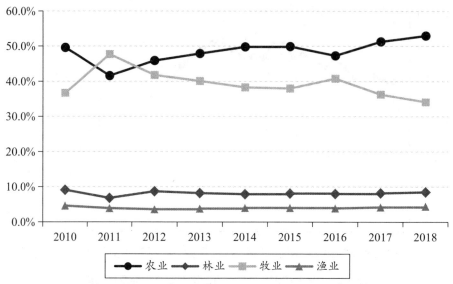

图 4.7　2010—2018 年株洲市农、林、牧、渔业产值比重变化趋势

从图 4.7 可以看出，2010—2018 年间株洲市林业和渔业产值比重基本保持在 10% 以下，明显低于农业和牧业产值比重。2010—2011 年，农业产值比重呈现明显的下降趋势，与此同时，牧业产值比重呈现上升趋势。2011 年以后，农业产值比重呈现缓慢的上升趋势，增长至 2018 年的 53.0%；牧业产值比重呈现下降趋势，下降至 2018 年的 34.1%。

根据图 4.7 中农、林、牧、渔业产值比重，计算出 2010—2018 年株洲市第一产业内部多样化指数，并绘制出趋势图，结果如图 4.8 所示。

从图 4.8 可以看出，2010—2013 年间株洲市农业和牧业产值在第一产业总产值中占有绝对的比重，生产受自然条件制约，尤其是 2012 年湖南地区受严重冰雪灾害影响，产业多样化指数波动较大。2013 年以后，株洲市农业和牧业产值比重变化趋势较为平稳，且林业和牧业产值比重基本保持不变，产业多样化指数处在 2.5 上下波动，保持较为稳定的状态。这可能由于机械和化肥的使用、品种改良以及水利设施等农业生产条件得到提升，促进农业生产效率提高，降低了自然环境对农业生产的干扰，使得第一产业内部各业产值比重波动不大。

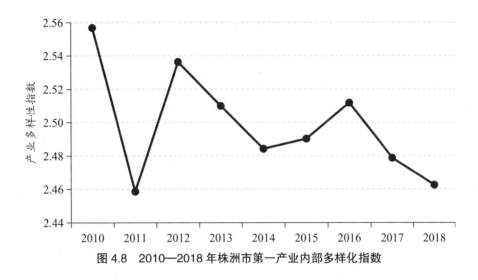

图 4.8　2010—2018 年株洲市第一产业内部多样化指数

(2) 第二产业内部结构演进分析。根据1978—2018年株洲市历年的统计数据，计算求得工业和建筑业产值占第二产业总产值的比重，并绘制变化趋势图，结果如图4.9所示。

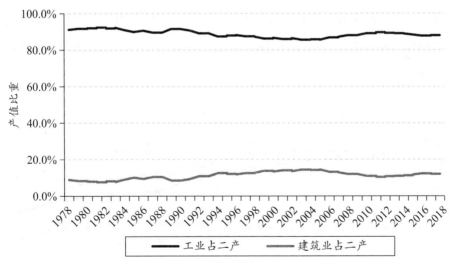

图 4.9　1978—2018 年株洲市工业和建筑业产值比重变化趋势

从图4.9可以看出，1978—2018年间株洲市工业产值比重保持在90%上下浮动；建筑业产值比重维持在10%上下，明显低于工业产值比重。在第二产业中，工业占有绝对的主导地位。改革开放后，全国各地经济发生了翻天覆地的变化，株洲市工业产值持续快速增长，并且占株洲市地区总产值中的比重保持较为稳定的发展态势。1978—1992年间，工业产值比重基本稳定在90%以上；1992年以后，工业产值比重略低于90%。这可能由于20世纪90年代，国家深入推进经济体制改革，传统的经营观念、管理模式与市场经济体制新方式不协调日益突出，计划经济深层次矛盾充分暴露，严重影响了工业经济的发展。此外，随着长株潭"两型社会"建设的推进，株洲市加快了产业升级步伐，积极扶持装备制造、新能源开发、新材料加工、光电等新兴产业和高科技产业，同时加快了产业结构调整，逐步淘汰了一大批高能耗、高污染、低效益的项目，扶持支柱产业实现跨越式发展。

(3) 第三产业内部结构演进分析。由于2010年经济分类法的细化和变动，此外，在统计数据时无法将第三产业中的所有行业进行计算，故对其中比较重要且具有代表性的交通运输仓储和邮政业、批发和零售业、住宿和餐饮业、金融业以及房地产业五个行业的数据进行分析，用以研究第三产业结构的变化。根据2010—2018年株洲市经济数据，计算出各业产值占第三产业总产值比重，并绘制出变化趋势图，结果如图4.10所示。

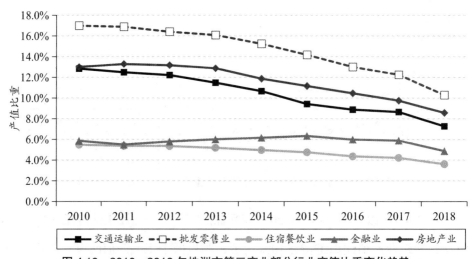

图 4.10　2010—2018 年株洲市第三产业部分行业产值比重变化趋势

从图 4.10 可以看出，2010—2018 年间株洲市住宿餐饮业产值比重保持着较为稳定的发展趋势，基本维持在 5% 左右；金融业产值比重在 4%~6% 之间，并呈现缓慢的上升趋势；房地产业产值比重呈现先上升后下降的趋势，由 2010 年的 8.7% 变化为 2018 年的 11.9%；交通运输仓储和邮政业产值比重呈现较为缓慢的下降趋势，比重一直高于 10%；批发零售业产值比重在 2010—2011 年间呈现明显的下降趋势，随后的几年下降趋势有所减缓。批发零售业产值比重在五个行业中最大，并一直高于其他四个行业。

采用交通运输仓储和邮政业、批发和零售业、住宿和餐饮业、金融业以及房地产业五个行业的数据，计算得出的产业多样化指数呈上升趋势（如图 4.11 所示）。

图 4.11　2010—2018 年株洲市第三产业部分行业产业多样化指数

随着经济的发展，第三产业内部行业变动以及产业结构进一步优化。社会服务和信息传输等新兴产业得到快速发展，交通运输仓储和邮政、批发和零售等五个产业产值比重逐渐被分化，第三产业呈现多样化。

4.2　株洲市产业发展优势及存在的问题

本节主要在前文株洲市经济发展和产业结构演进分析的基础上，分析、总结株洲市产业总体发展优势及存在的问题，以及高新技术产业、主导产业和现代服务业发展优势及存在的问题。

4.2.1　株洲市产业总体发展优势及存在的问题

4.2.1.1　第一产业发展优势及存在的问题分析

株洲市地处亚热带，四季分明，雨量充沛、光热充足，年均气温16~18摄氏度，适合多种农作物生长；多样的土地类型适宜进行农、林、牧、渔业生产经营；境内水资源丰富，为都市农业发展提供了基础保障。从前文第一产业内部结构分析中可以看出，株洲市农业产值占第一产业总产值比重的40%以上，牧业产值占第一产业总产值的40%左右。农业和牧业是株洲市第一产业中的核心组成部分。当前，株洲市的农业主要还是单一功能型传统农业，现代化程度还不高，产业附加值低。2010年起，株洲市启动了47个休闲农业扩改建项目，株洲市休闲农业发展进入快车道。然而，株洲市休闲农业的发展存在诸多瓶颈：一是管理落后。株洲市休闲农业投资者和经营者多为当地农民，专业经营知识与管理经验缺乏。二是产品难以持续创新，同质化竞争异常激烈。缺乏总体规划，项目设计单调，布局不科学，功能配套不完善，经营粗放。此外，唐人神集团作为株洲畜牧业企业代表，是一家生猪产业链一体化经营的企业，经过二十多年发展，已发展成为"品种改良、安全饲料、健康养殖、肉品加工、品牌专卖"五大产业格局。尽管已具有一定的竞争力，但与河南双汇集团相比，唐人神集团的竞争能力还相对较弱。

4.2.1.2　第二产业发展优势及存在的问题分析

"一五"期间，株洲是国家重点建设的工业城市，经过几十年的发展已具有良好的工业基础。近年来,株洲顺势而为,推进新型工业化,其成效显著。从前文第二产业内部分析中可以看出,株洲市工业产值占第二产业总产值比重达到了90%,一直处于绝对优势地位。"十二五"期间,先进装备制造、新材料、新能源、文化创意、生物、信息及节能环保等七大产业被列为湖南重点发展的战略性新兴产业。在这七大战略性新兴产业中,先进装备制造业已建立了良好的发展基础,尤其是涌现出了南车株机、时代电气、南方航空工业、联诚集团、长江车辆株洲分公司等一批优秀的制造企业,在国内外轨道交通、航空航天制造业具有很高的地位。然而,在新能源、信息、节能环保等产业领域,其产业基础还较为薄弱。此外,株洲市工业矿产资源开发面临枯竭,缺乏后续替代产业,工业企业高投入、高消耗、高污染、低效益的粗放式生产模式仍需要进一步改进。

4.2.1.3　第三产业发展优势及存在的问题分析

株洲市地处京广线、浙赣线和湘黔线交汇,具备得天独厚的交通优势。此外,株洲市处于广东、浙江等发达地区的枢纽,具备承接优势产业转移的区位优势。当前,株洲市产业呈现"二三一"结构,第三产业产值比重明显低于第二产业产值比重。株洲市作为国内重要的工业城市,发展先进制造业,需要配套发展生产性服务业,然而目前株洲市第三产业内部结构难以支撑第一、二产业的发展。从前文第三产业内部结构分析中可以看出,株洲市交通运输和仓储邮政业、交通运输业产值占第三产业总产值比重较大,而生产性服务业中的金融业发展水平较低,与工业大市的地位不匹配。金融业发展落后势必会对第一、二产业企业融资造成瓶颈,影响企业长远发展。

4.2.2　株洲市高新技术产业发展优势及存在的问题分析

高新技术产业以高新技术为基础,是知识密集、技术密集的产业,该产业的关键技术创新难度大,若成功突破,则具有超额收益。

　　根据2010—2018年株洲市经济数据，计算出高新技术产业增加值比重，并绘制出变化趋势图，结果如图4.12所示。总体而言，株洲市的高新技术产业在近几年呈增长趋势。从高新技术产业增加值看，除了2011年有所下滑外，其余年份每年都不断增长。到2017年，产值达到666.9亿元，接近2010年产值的4.16倍，但与长沙的2017年高新技术产业增加值3 510亿元相比，还有很大的差距。从占地区生产总值的比重看，近几年，高科技产业产值占地区生产总值的比重总体上呈不断增长趋势，但增幅不大。2013年还出现大幅下滑，到2014年时，又回升并呈较慢上升趋势，至2017年比重达到25.8%。

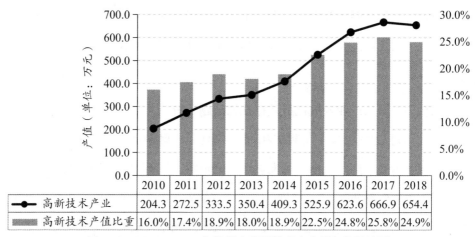

	2010	2011	2012	2013	2014	2015	2016	2017	2018
高新技术产业	204.3	272.5	333.5	350.4	409.3	525.9	623.6	666.9	654.4
高新技术产值比重	16.0%	17.4%	18.9%	18.0%	18.9%	22.5%	24.8%	25.8%	24.9%

图4.12　2010—2018年株洲市高新技术产业增加值及比重

　　从高新技术产值增长率看，在2010年有过大幅增长和2011年大幅下跌，再到2012年大幅回升，然后再保持一个平稳的小幅度增长直到2017年，2018年略有下降(结果见图4.13)。

　　运用偏离－份额方法，采集了湖南省和株洲市近五年的高新技术产业产值和分产业产值数据，对株洲市相对于湖南省在高新技术产业分领域进行比较。从 P_i 和 D_i 值的比较结果看，电子信息、航天航空、新材料和高新技术服务等是属于基础较好，但地位处于下降的产业。生物医药、环境保护和高新技

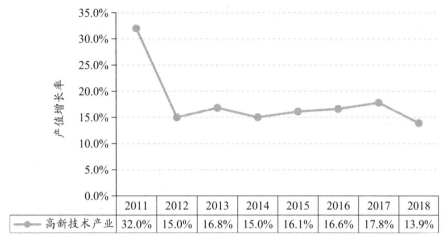

图 4.13　2011—2018 年株洲市高新技术产业产值增长率

术改造传统产业等是基础较好，但竞争力较弱的产业。新能源与节能产业是基础较好，且竞争力很强的产业。从 N_i 的值来看，株洲市的高新技术产业各子领域的值都大于 0，说明株洲市高新技术产业各子领域的增长速度均快于湖南省的同期平均水平，产业发展势头较好。从 P_i 值看，均大于 0，说明株洲市高新技术产业各子领域的比重均高于湖南省的平均水平，高新技术产业对经济增长贡献较大，再结合 PD_i 值看，增长优势最强的是航天航空部门，最弱的是生物医药。从 D_i 值看，除了新能源与节能大于 0 之外，其他都小于 0，说明株洲市高新技术产业总体竞争有待于进一步提高，新能源与节能产业是具有竞争力优势的朝阳产业(结果见表 4.1)。

从总体结构看，总经济增量达到 44 538 万元，相对于湖南省的增长率 L 为 0.238 166，说明株洲市的总体高新技术产业发展水平低于湖南省平均增长率。总结构偏离分量 P 为 11 872 411，结构效果指数 W 为 1.133 381，大于 1，说明株洲市的高新技术总体产业结构较好，高新技术中朝阳、增长快的产业部门比重大，对于经济的贡献较大。但竞争力偏离分量 D 小于 0，竞争力效果指数 $U<1$，说明株洲市高新技术产业竞争力优势不足，相对较弱(结果见表 4.2)。

表 4.1 株洲市高新技术产业内部结构差额分析

高新技术产业	N_i	P_i	D_i	G_i	PD_i
电子信息	9 240.38	197 390	−130 245	76 385	67 144.6
航天航空	2 443.37	415 661	−242 904	175 201	172 757
生物医药与医疗器械	935 282	8 127 166	−10 825 540	−1 763 092	−2 698 374
新材料	498 848	1 126 175	−896 009	729 015	230 166
新能源与节能	1 411.96	37 852	31 434	70 699	69 287
环境保护	124.953	9 891	−5 466.42	4 550	4 425.04
高新技术服务	6 677.77	264 546	−194 124	77 099	70 421.2
高新技术改造传统产业	1 318 206	1 693 726	−2 337 252	674 681	−643 525

表 4.2 株洲市高新技术产业结构总体效果

项目	总经济增量（G）	总结构偏离分量（P）	总竞争力偏离分量（D）	结构效果指数（W）	竞争力效果指数（U）	总份额分量（N）	相对增长率（L）
数值	44 538	11 872 411	−14 600 109	1.133 381	0.210 137	2 772 236	0.238 166

4.2.3 株洲市主导产业发展优势及存在的问题分析

主导产业是在区域经济中起主导作用的产业，本小节通过对株洲市统计年鉴等文献的分析，选取交通运输设备制造业、化学原料及化学制品制造业、非金属矿物制品业、纺织服装鞋帽制造业、有色金属冶炼及压延加工业、医药和食品制造业等产业进行分析。

运用偏离—份额方法，采集了湖南省和株洲市2013—2018年六年的主导产业产值和分产业产值数据，将株洲市相对于湖南省在主导产业子产业的数据进行比较。从 P_i 和 D_i 的值比较结果看，有色金属冶炼及压延加工业和食品制造业是属于基础较好，但处于下降地位的产业。交通运输设备制造业是原有基础较好，且竞争力较强的产业。化学原料及化学制品制造业、非金属矿物制品业、纺织服装鞋帽制造业和医药制造业是原有基础较好，且竞争力很强的产业。从 N_i 值来看，株洲市的主导产业各子产业的值都大于 0，说明株洲市主导产业各子领域的增长速度均快于湖南省的同期平均水平，发展势头较好。从 P_i 值看，均大于 0，说明株洲市主导产业各子产业的比重均高于湖南省的平均水平，主导产业对经济增长贡献较大，再结合 PD_i 值看，增长优势最强的是交通运输设备制造业，最弱的是食品制造业。从 D_i 值看，除了有色金属冶炼及压延加工业和食品制造业小于 0 之外，其他都大于 0，说明株洲市主导产业总体竞争力较强，其他五个产业都是具有竞争力优势的朝阳产业（结果见表 4.3）。

表 4.3　株洲市主导产业内部结构差额分析

主导产业	N_i	P_i	D_i	G_i	PD_i
交通运输设备制造业	94 561.3	1 609 842.9	1 598 895.7	3 303 300.0	3 208 738.6
化学原料及化学制品制造业	11 517.7	232 004.0	2 112 453.1	2 355 975.0	2 344 457.2
非金属矿物制品业	6 804.5	173 311.0	2 709 791.4	2 889 907.0	2 883 102.4
纺织服装鞋帽制造业	20.5	2 143.3	173 245.1	175 409.0	175 388.49
有色金属冶炼及压延加工业	34 237.1	549 731.5	−30 409.6	553 559.0	519 321.8
医药制造业	753.1	88 774.6	141 242.2	230 770.0	230 016.8
食品制造业	1 174.1	76 183.4	−143 991.6	−66 634.0	−67 808.1

从总体结构看，株洲市主导产业总经济增量达到 9 442 286 万元，相对于湖南省的增长率 L 为 1.868 67>1，说明株洲市的总体主导产业发展水平远高于湖南省平均增长率。总结构偏离分量 P 为 2 731 991，结构效果指数 W 为 1.011 2，大于 1，说明株洲市的主导产业的总体产业结构较好，主导产业中朝阳、增长快的产业部门比重大，对于经济的贡献较大。但竞争力偏离分量 D 大于 0，竞争力效果指数 $U>1$，说明株洲市主导产业竞争力优势很强（结果见表 4.4）。

表 4.4　株洲市主导产业结构总体效果

项目	总经济增量（G）	总结构偏离分量（P）	总竞争力偏离分量（D）	结构效果指数（W）	竞争力效果指数（U）	总份额分量（N）	相对增长率（L）
数值	9 442 286	2 731 991	6 561 226	1.011 2	1.839 39	149 068.6	1.868 67

4.2.4　株洲市现代服务业发展优势及存在的问题分析

运用偏离－份额方法，采集了湖南省和株洲市2013—2018年六年的现代服务产业产值和分产业产值数据，将株洲市相对于湖南省在现代服务产业子产业的数据进行比较。从 P_i 和 D_i 值的比较结果看，交通运输、仓储和邮政业、信息传输、计算机服务和软件业、文化、体育和娱乐业是属于基础较好，但处于下降地位的产业。租赁和商务服务业、教育业是基础较好，但竞争力较弱的产业。金融产业是基础较好，且竞争力很强的产业。从 N_i 值来看，株洲市的现代服务产业各子产业的值都大于0，说明株洲市现代服务产业各子领域的增长速度均快于湖南省的同期平均水平，发展势头较好。从 P_i 值看，均大于0，说明株洲市现代服务产业各子产业的比重均高于湖南省的平均水平，现代服务产业对经济增长贡献较大。再结合 PD_i 值看，增长优势最强的是交通运输业，最弱的是计算机服务和软件业。从 D_i 值看，除了金融业大于0之外，其他都小于0，说明株洲市现代服务产业总体竞争力有待于进一步提高，其中金融产业是具有竞争力优势的朝阳产业(结果见表4.5)。

表 4.5　株洲市现代服务产业内部结构差额分析

现代服务业	N_i	P_i	D_i	G_i	PD_i
交通运输、仓储和邮政业	37 755.2	621 484	−384 767	274 473	236 717.7
信息传输、计算机服务和软件业	3 835.78	205 789	−149 834	59 791	55 955.2
金融业	3 304.78	96 216.7	49 427.5	148 949	145 644.2
租赁和商务服务业	2 802.28	181 203	−55 912.0	128 094	125 291.7
教育业	5 246.56	181 016	−26 277.7	159 985	154 738.4
文化、体育和娱乐业	1 738.34	168 545	−100 752	69 532	67 793.6

从总体结构看，总经济增量达到840 824万元，相对于湖南省的增长率 L 为0.769 499 2，说明株洲市的总体现代服务业产业发展水平低于湖南省平均增长率。总结构偏离分量 P 为1454 256，结构效果指数 W 为1.001 9，大于1，说

明株洲市的现代服务总体产业结构较好，现代服务产业中朝阳、增长快的产业部门比重大，对于经济的贡献较大。但竞争力偏离分量 D 小于 0，竞争力效果指数 $U<1$，说明株洲市现代服务产业竞争力优势不足，相对较弱(结果见表4.6)。

表 4.6　株洲市现代服务产业结构总体效果

项目	总经济增量（G）	总结构偏离分量（P）	总竞争力偏离分量（D）	结构效果指数（W）	竞争力效果指数（U）	总份额分量（N）	相对增长率（L）
数值	840 824	1 454 256	−668 115.96	1.001 9	0.768	54 682	0.769 499 2

从以上对株洲市高新技术产业、主导产业、现代服务业状况分析结果来讲，株洲市的这三大产业普遍基础较好，朝阳产业多，对经济的贡献大，在湖南省区域中呈较快、较好的发展趋势，尤其是近几年，产值稳定快速增长。在此三大重要产业中，主导产业总体发展较好，竞争力很强，但主导产业中的食品和有色金属冶炼产业竞争力相比湖南省的总体竞争力来讲，竞争力不足，而非金属制造产业的竞争力在所有主导产业中竞争力最强。高新技术产业中的各个领域发展不平衡，绝大部分产业的竞争力优势呈现下降情况，在所有高技术产业子产业中，生物医药竞争力相比湖南省整体竞争力显最弱，而新能源产业却呈现最强的竞争优势。现代服务业总体竞争力不强，多数产业竞争力相比湖南省同类产业来讲竞争力显弱，有待于进一步提高，但金融产业在所有的现代服务业子产业中呈现很强的竞争力。

4.3　株洲市产业优化升级发展对策

在中部六省非省会城市中，株洲市城市综合实力居第一位，株洲在湖南乃至中部和全国都具有不可替代的战略地位。结合株洲地区资源、产业等优势，优化产业结构，发展特色产业经济，有利于促进株洲产业均衡协调发展，拓展湖南经济增长空间。本章基于株洲市产业结构的优势及存在的问题，立足区域资源、产业等优势，统筹局部与全局，兼顾当前与未来，制定株洲市及其所辖各县市产业结构的优化方案。

4.3.1 株洲市产业优化的思路

依据上述章节中株洲市产业结构的演进分析以及产业结构的优势及存在问题的分析，借鉴周边地区产业结构优化经验，对株洲市产业结构状况进行分析和评价，确定株洲市产业的优化思路，促进一、二、三次产业健康协调发展，逐步形成以农业为基础、高新技术产业为先导、基础产业和制造业为支撑、服务业全面发展的产业格局，使株洲市社会经济整体协调、稳步和健康地发展。

深入实施转型升级总战略，着力激发市场活力，加快转方式调结构，切实提高经济发展质量和效益，促进经济持续健康较快发展。株洲市产业的具体优化目标主要着眼于以下几个目标：

(1)到2020年，株洲市三次产业结构进一步优化，争取调整到6∶54∶40。进一步调整优化产业结构，提高第一产业的科技含量，促进第二产业技术含量高的产业向生产性服务业转变，大力提高第三产业在经济发展中的比重，促进一、二、三产业健康发展。

(2)战略性新兴产业占地区生产总值的比重达30%。以株洲产业、人才等优势为基础，保持战略性新兴产业平稳较快增长，发挥战略性新兴产业对经济结构优化升级的带动作用。

(3)服务业就业比重提高到40%以上。加快发展第三产业，提高第三产业从业人员比例，优化劳动力就业结构。

(4)地区生产总值年均增长保持在3%~5%之间，注重经济发展质量，放缓经济增长速度，不断提升地区经济竞争力。

株洲市产业的优化是根据株洲市产业结构发展的优势与存在的问题，立足于区域资源、产业等优势，坚持自主创新提升产业技术水平、走新型工业化道路、促进产业协调健康发展的原则，使产业结构更加合理，为株洲经济继续保持快速增长提供新动力。

第一产业的优化升级，要坚持统筹城乡发展方略和工业支持农业的方针，加快建设具有地方特色的现代农业，加快农业科技进步，转变农业发展方式、经营模式，提高农业综合生产能力，创办特色农业品牌。第二产业的优化升级，要坚持科学发展观和以国家产业政策为指导，紧扣实施产业转型战略、建设实力株洲的目标，以转变发展方式为主线，以科技创新为动力，以"两化"融合为支撑，发展壮大主导产业，大力发展战略性新兴产业，优化升级传统产业，加速推进新型工业化，全面提升工业主导水平。第三产业的优化升级，要把调整服务业产业结构、促进消费增长和改善民生作为未来工作的重点。以工业带动服务业，加快发展生产性服务业，积极发展消费性服务业，着力构建特色鲜明、功能完善的现代服务体系，逐步提高服务业在三次产业中的比重。

4.3.2　株洲市产业优化的影响因素分析

影响一个地区产业优化升级的因素有很多，本小节主要讨论社会需求、资源供给、国际贸易和科技教育对株洲市产业优化的影响。其中，社会需求对产业结构的影响考虑个人消费需求和投资需求两个方面；资源供给对产业结构的影响考虑自然资源、人力资源和资金资源的供给结构等几个方面；国际贸易对产业结构的影响考虑进出口总额、进口产品和出口产品等方面；科技教育对产业结构的影响考虑科技和教育两个方面。

4.3.2.1　社会需求对产业优化升级的影响

社会需求结构是产业升级的出发点和立足点，显然，社会需求和已有产业结构影响产业的优化升级。在此主要从消费和投资两个需求分析其对株洲市产业的影响。

（1）消费需求。消费需求主要有两部分，包括公共消费和个人消费需求，其中，个人消费需求影响较大。所谓个人消费需求，它是指满足当前的消费需要而购买商品和劳务的个人开支。随着个体收入水平的提升，个体消费需求更趋向多层次和多样化，而不同消费结构将会拉动不同产业的递进升级。

株洲市城市居民人均生活消费性支出从2010—2018年稳步上升，由2010年的12 497.7元到2018年的接近27 851元，并有继续上升的趋势。另一方面，株洲市的人均地区生产总值逐年上升，并有继续增加的趋势，说明人们消费和收入水平不断提高的同时，其需求结构的重点也在逐渐向高层次转移，与这种需求结构相适应的是产业结构中的第二、第三产业的比重的逐渐增大，成为主导产业。

（2）投资需求。投资需求也包括两个方面，即固定资产和流动资产的投资需求。而促进产业优化升级的直接原因是固定资产投资需求的变动。本书选取株洲市2010—2018年的固定资产投资总额和三次产业的投资额来反映其投资需求的变化，并分析其对产业结构变化的影响。

全社会固定资产投资从2010—2018年逐年上涨，且有继续上涨的趋势，尤其是第二产业和第三产业固定资产投资额的增加，为株洲市经济发展提供了良好的基础设施与充足的资金，为资本密集型产业的发展打下了坚实的基础，也促进了株洲市产业的优化升级。

4.3.2.2　资源供给对产业优化升级的影响

资源供给对产业优化升级的影响主要在自然资源禀赋、劳动力和资本要素方面。一般而言，在很大程度上，自然资源禀赋影响甚至决定着区域产业结构。同时，劳动力数量的多寡、质量的高低，决定了产业的发展水平。此外，区域资本积累程度也是影响产业化演进的重要因素。

（1）自然资源供给结构。自然资源赋存状况和产业的建立与优化升级有着密切联系。株洲市地处湘江流域，水资源和土地资源丰富，属亚热带季风湿润气候，四季分明，是我国湘中地区长株潭城市群的重要城市之一。株洲优越的自然条件造就了喀斯特地貌、丹霞地貌、动植物资源以及河湖资源为主的丰富多彩的自然型旅游资源。市区生态环境优良，具有形成山水城市特色的自然条件基础。株洲市矿产资源较丰富，矿床数量多，多处已列入湖南省矿产储量表，在国民经济15种支柱性意义矿产中，煤、铁、水泥灰岩、硅质原料等矿产资源基础较好，资源潜在价值高。

(2)劳动力资源供给结构。劳动力资源的多寡影响着劳动力的供给程度、人均资源拥有量以及可供给能力的程度。一国或地区保持适当的人口增长率，对产业优化有着直接的影响。

株洲市的人口自然增长率除2012年较高以外，基本保持在5‰~8‰之间，丰富的人力资源有利于株洲市劳动密集型产业的发展。

另一方面，提高劳动力素质，对产业优化升级有着重要的影响。如果区域劳动力的素质高，则该区域的劳动力可以在不同行业较自由地转移，且会有较多的人力资源投入到第三产业，集中发展资金技术知识密集型的产业，从而使该国的产业水平得到较快的提升。株洲市大学本科生及以上的劳动者数量逐年有大幅增长，但当前高校教育使得许多应届毕业生难以与企业实现良性对接，因此劳动力整体素质并不乐观，株洲产业优化升级发展面临困难。

(3)资金资源供给结构。资金资源包括内部资金和外商投资，而外商投资对产业优化升级产生较大影响，主要通过资金供应总量和投向对产业结构变动产生影响。

大量涌入外来资本，在一定程度上，不仅缓解了区域经济建设过程中出现的资金缺口及外汇缺口压力，还能带来管理效益，以及能填补市场空白的技术。从资金投向方面，不同规模的外资所发挥的作用不一样。外商企业的平均投资规模(实际利用外资额除以新批外商投资企业数)越大，表明该区域所利用的外资中，大规模的外商投资越多，引进的先进技术和管理经验越多，对产业调整与优化产生的影响也更大。

株洲市的实际利用外资额从2006—2018年呈上升趋势，外商企业的平均投资规模在2008年首次达到较大值，之后虽有下降，但一直维持在较高水平，且2013—2014年又达到较大值。南车株机、时代电气、联诚集团等轨道交通优势企业也进一步扩大境外投资规模。大量外资的引入和规模的扩大在推动株洲市经济增长和技术进步的同时，也有力地支撑了株洲市高新技术产业的发展，促使其产业更加合理化、优质化。

4.3.2.3 国际贸易对产业优化的影响

尽管当前贸易纷争不断，但不影响经济全球化的发展趋势，国际贸易竞争也越来越激烈。显而易见，由于区域的局限性，一个国家或地区都难以整合发展所有产业需要的全部资源、技术、产品和劳务。因此，充分利用国际贸易的作用，整合全球资源，参与全球分工，加快产业优化升级势在必行。建立在要素资源禀赋差异的国际贸易，会对国内产业结构产生重大影响。在符合国际比较利益的情况下，国际贸易成为促进产业发展并不断向高级化迈进的影响因素。

近几年来株洲市经济的高速发展，离不开国际贸易额的增加和株洲市2010—2017年的进出口总额与相应的进口额和出口额。株洲市进出口贸易保持平稳较快地增长，有力地促进了全市经济的平稳快速增长，国际贸易对株洲市产业的调整起到了巨大的推动作用。株洲市在不断增加国际贸易额的同时，也积极优化其进出口贸易结构，降低农产品等初级产品的进出口额，提高机电产品和高新技术产品的进出口比重，优化进出口结构和产业结构。

4.3.2.4 科技教育对产业优化的影响

产业的发展也会受到技术进步、教育水平的影响。在此从科技和教育两方面分别说明其对株洲市产业的影响。

(1)科技。为研究方便，本书选取株洲市2010—2018年的专利申请数和高新技术产业增加值作为科技进步的衡量指标。株洲市2010—2014年专利申请数量增长较为缓慢，2014—2015年略有下降，但2016—2018年有大幅度增长，至2018年已达到8 675件。株洲市的高新技术产业增加值基本保持直线上升，至2018年已超过650亿元，创新型企业的大幅增加，如时代电子公司、兴隆化工公司等，以及高新企业的快速成长壮大，有力地支撑了株洲工业经济的发展，高新技术已经成为株洲经济增长的关键力量和核心动力。

虽然全市高新技术产业近年来发展较快，规模稳步扩大，对经济发展起到了重要的拉动作用，但从产业规模来看，高新技术产业在国民经济中的比重仍然偏低。

(2)教育。教育对产业调整和经济增长的影响，主要是通过不断提高劳动者的个人素质与专业技能，使劳动力转变为生产中必不可少的人力资本，为企业做大做强、产业升级提供了强大的智力支持，对整个产业及其优化具有决定性影响。

目前，株洲拥有5所高等职业学校，拥有一批对接区域支柱产业、优势产业和战略性新型产业的国家级、省级精品特色专业。湖南(株洲)职教园园区建设稳步推进，职业教育系列改革创新试点全面实施。教育事业的发展和特色专业的设置为株洲市提供了大批高素质创新型专业人才，有利于新兴市场的形成与发展，有利于提高新兴产业的比重，促进产业的优化升级。

4.3.3　株洲市产业优化升级对策

为了进一步优化株洲市产业，根据株洲产业结构现状及其存在的优势与不足，依托株洲地区的资源、产业、人才等优势，为株洲市产业优化提供可操作的举措，本部分从株洲市第一、二、三产业结构三个方面给出株洲市产业优化升级策略。

4.3.3.1　株洲市第一产业优化升级

株洲市应结合现代农业发展的宏观形势与现实基础，力争形成特色鲜明、优质高效和生态环保的现代农业体系。

依托地区资源等优势，发展特色农业。以市场需求为导向，依托株洲各县市特有的第一产业资源、国家地理标志保护产品、气候，结合当地实际情况，发展特色农业，如株洲郊区发挥与市区接壤的优势，大力发展休闲观光和生态农业；炎陵通过引进、改良黄桃、奈李等特色农产品，形成当地农业特色产业，提高农业效益，增加农民收入。

转变经营模式，促进农业优势产业发展。引导传统农业生产经营模式向"公司＋专业合作社＋农户""公司＋基地＋农户"等专业化模式转变，通过建立专业合作社(协会)、合作共建等利益联结机制，不断扩大农业产业基地建设规模。各农业合作经济组织和龙头企业根据所在地的经济、气候等条件，发展符合自身优势的农业产业或品牌，向特色农业产业化方向发展。

加大科技投入力度，提高农业产品科技含量。充分运用多种途径和手段，大力开展科技推广服务工作，围绕优势农产品，加快推广主导品种，提高农产品的科技含量，为发展现代农业提供技术保障。积极与高等院校、农业科研单位加强合作，借助外力推进技术进步。

4.3.3.2　株洲市第二产业优化升级

根据国家产业政策的要求，实施制造产业优化升级战略。通过科技创新驱动转变发展方式，提升优化传统产业，加速推进先进制造业，大力发展主导产业，全面促进产业高质量发展。

加快引导传统产业优化升级。立足现有产业基础，利用先进的技术改造提升有色、建材、化工、陶瓷、服饰等已有传统产业，努力提高新技术、高附加值产品比重，延伸传统产业链条，促进传统产业优化升级，并使产业结构更趋合理化。

加快发展战略性新兴产业。抓住战略性新兴产业的发展机遇，实施开放合作，采取自主与合作创新相结合，引进消化吸收再创新，加快建设一批符合株洲产业实际，技术高、消耗少、潜力大的战略性新兴产业。重点培育壮大先进装备制造、新材料、新能源、电子信息、生物医药、航空、汽车等战略性新兴产业。通过重点扶持具有自主知识产权、有市场需求的成果产业化和高新技术产品规模化，推动经济发展方式转变和产业优化升级。

淘汰落后、高污染产能，加快技术改造。借鉴其他发达区域的成功经验，大力推行工业技改、淘汰落后产能，优化工业生产条件，更新传统产业生产技术，让传统产业焕发新的生产活力。严格落实国家、省出台的系列淘汰落后产能政策，综合运用行政、经济、法律手段，加快淘汰落后小冶炼、小化工等一批小企业和落后产能；关闭一批排污设施、生产工艺和设备严重落后的企业和生产线；严格控制新建或扩建高耗能项目，建立落后产能退出机制。

4.3.3.3 株洲市第三产业优化升级

加快调整服务业产业结构、促进消费增长和改善民生是区域经济发展的一个重要任务。鼓励各类资金投入，加大政策扶持力度，加快拓展先进生产性服务业，巩固发展消费性服务业，全力构建具有区域特色、功能完善的现代服务体系，不断提升服务业在第三产业中的比重。

大力发展生产性服务业，提升服务能力。鼓励生产性服务业向市场化、专业化、规模化和聚集化方向发展，为先进制造、汽车等行业提供优质服务。重点提升先进装备制造企业的服务能力，促进装备制造企业由生产型制造向服务型制造方式转变。重点发展高端生产性服务业，根据株洲经济发展实际和未来发展定位，充分发挥已有产业基础和交通区位优势，积极优化资源配置、改善发展环境，促进先进生产性服务业的聚集发展，努力打造一批布局合理、种类丰富、特色鲜明的现代服务产业集群，从而以生产性服务业促进制造业高质量发展。

大力发展现代物流业，逐步形成区域物流中心。以服务株洲市产业发展为依托，加快区域性物流中心的规划建设和重点物流项目建设，支持第三方物流发挥综合服务功能。加快建立现代物流信息平台，实现物流信息资源的共享和优势互补。整合政府、企业和社会信息，降低物流费用，提升现代物流整体运行效率和管理水平。建立由政府牵头、物流企业参与，财政、金融、税收、产业等各类政策支持下的综合协调机制，加强物流企业与实体企业之间的联系与协作，构建一个有利于现代物流业发展的体制和机制。

加快信息服务业发展，建设智慧株洲。加快"智慧株洲"建设。加快工业化与信息化融合步伐，强化业内企业共振效应，促进信息产业发展。进一步完善互联网、通信、广电等基础网络，提升物联网应用层次和水平，大力促进网络信息传输服务、网络增值服务发展。鼓励行业、区域、企业共建第三方电子商务平台，拓展业务市场。

4.4　本章小结

株洲市是湖南典型的重工业城市，其经济发展水平位于湖南省前列，现已形成了轨道交通、硬质合金、通用航空等一批具有高新技术的优势产业集群，市域范围内还存在一些其他传统产业。本章以株洲市作为研究实例，运用偏离－份额方法，对株洲市产业结构现状分析，指出株洲市于2014年进入工业化发展的中后期阶段，经济发展正逐渐走向集聚发展阶段。分别从产业类别、高新技术产业、主导产业和现代服务业分析株洲市产业发展优势及存在的问题。在此基础上，提出了株洲市产业优化升级对策，并从第一、二、三产业等三个方面给出株洲市产业优化升级的相关举措。

第5章 大湘西地区产业优化升级研究

近年来，大湘西地区经济发展迅速，社会运行良好，但相比长株潭地区仍有较大差距，成为湖南省脱贫攻坚的关键区。大湘西地区包括张家界市、邵阳市、怀化市、娄底市及湘西自治州。下辖7个市辖区、5个县级市、23个县和6个少数民族自治县。受地理位置、历史环境等因素影响，脱贫任务十分繁重。产业脱贫是一项关键举措，拟通过突出主导产业，依靠主导产业优化升级带动集群发展，促进产业上下游延伸，衍生或吸引更多相关企业集聚，从而带动大湘西地区经济快速发展。因此确定大湘西地区主导产业，加快主导产业优化升级发展，对如期全面建成小康社会，具有重要现实意义。

主导产业确定的相关基准，国内外学者进行了深入研究。其中，国外比较有影响的基准有罗斯托基准、赫希曼基准和筱原两基准。国内学者提出了"三基准说""四基准说""五基准说"，同时针对省、市、县等具体区域进行了实证研究。本书参考了一定量主导产业选择的方法后，在分析大湘西地区产业发展现状的基础上，遵循经济学的相关原理，通过计算相关经济指标及其区域的纵横向对比，对大湘西地区主导产业选择与排序进行研究，并提出大湘西地区产业优化路径。

5.1 大湘西地区产业发展现状

5.1.1 产业发展概况

5.1.1.1 经济增长放缓，与全省差距逐渐缩小

近年来，国民经济增长速度有所放缓，大湘西地区的生产总值增长率从2014年的8.3%下降到2017年的7.6%，2014—2017年生产总值增长率与全省增长率差距逐年减小。

5.1.1.2 转型加快，产业结构不断调整

大湘西地区充分发挥资源禀赋优势与生态环境优势，不断调整优化产业结构，地区生产总值不断增加。人均 GDP 由2014年的22 574元上升到2017年的28 720元，从全省人均 GDP 的56.05%上升到57.01%。2014—2017年，大湘西地区三次产业比重由16.25∶42.05∶41.7，调整为15.35∶36.66∶47.99。第一产业发展较为平稳，第二产业比重下降，第三产业比重上升。

5.1.1.3 服务质量不断提升，旅游业蓬勃发展

大湘西地区是全国旅游资源的富集区，自然景观神奇，民族文化多姿多彩，集中了全省40%的文化生态旅游资源和70%的精品景点，拥有崀山、凤凰古城等70余处世界级和国家级旅游景观。其中世界自然遗产2处，世界文化遗产1处，4A 级以上旅游景区30余处。2017年旅游收入达620.78亿元，约为2014年的3倍。

5.1.2 产业发展中的问题及其成因

尽管大湘西地区经济总量不断提升，产业结构不断调整，但仍存在着工业薄弱、服务业质量不高、农产品特色不突出等问题。

5.1.2.1　产业结构不合理，工业实力较弱

2016年大湘西地区二产的生产总值为 2 030.03亿元，仅占全省二产生产总值13 181亿元的15.4%；规模以上工业企业单位数为2 934个，接近长株潭地区 5 263个的55.75%，但其生产总值为 5 211.08亿元，只占长株潭地区的28.73%，全省的12.9%。可知，大湘西地区工业实力较弱，生产效率不高，同时也反映工业的发展程度严重影响地区经济实力。大湘西地区的二产本来就比较薄弱，但比重仍在逐年下降，表明其产业结构不合理。

5.1.2.2　旅游业基础设施配套不完善，未形成全域旅游

在打造和推进文化生态旅游精品路线的过程中，依然未能较快地带动批发和零售业、住宿和餐饮业以及社会消费品零售业高质量发展。此外，特色旅游产品缺乏，旅游业仍处于自然型和观光型阶段，与其他产业缺乏有效关联，各市州之间的旅游业发展联系也不够紧密，尚未形成全域旅游。

5.1.2.3　特色农产品品牌效应不佳，未形成良好的产业链

该区域农畜产品丰富，如水果和奶类产量，分别占全省的38.16% 和61.36%。由于农畜产品种养在山地、丘陵地区，无法大规模实施机械化，且易受自然灾害影响，导致产品的供给方式仍以初级产品为主，未能打造特色农产品地区特色品牌。此外交通不便，商贸物流发展较为落后，农畜产品销售成本高，未能形成良好的产业链。

存在上述问题的原因主要与其地理位置、经济基础、生产要素、人文历史以及工业所占比重有关。从区域经济学的观点来看，目前大湘西地区仍处于区域经济发展的成长阶段，甚至少部分地区处于待开发阶段，这决定了其必须优先发展工业。然而该地区二产比重逐年下降，工业发展出现衰退，三产比重逐年增加，这种"三二一"的产业结构与所处区域经济发展的成长阶段不符，是一种产业结构"虚高级化"现象。

5.2　大湘西地区主导产业选择与排序

5.2.1　备选主导产业

美国经济学家罗斯托将主导产业的作用概括为三个方面：

(1)主导产业应能依靠科学技术的进步获得新的生产函数。

(2)能保持持续高速增长率。

(3)具有较强的扩散效应，对其他产业乃至所有产业的增长有决定性的影响。

这三个作用反映了成为主导产业的必要条件，即它们是一个有机整体。根据罗斯托的阐述，只有少数同时兼备创新和较强扩散效应的高增长产业才能成为主导产业。为此，基于以上分析，拟选择工业、旅游业、特色种养业、商贸流通业为主导产业。工业属第二产业，旅游业及商贸流通业同属第三产业，特色种养业属第一产业。为分析方便，有时将旅游业与商贸流通业放在一起作为第三产业来分析，而有时又将两者单独来考虑。

5.2.2　主导产业的确定与排序

拟对备选的四个主导产业逐一分析。先对相关经济指标进行计算，再对其进行区域的纵横向对比，以论证某产业选定及排序的必要性。

5.2.2.1　工业

大湘西地区2014—2017年三次产业产值、地区生产总值及地区人均GDP等信息如表5.1所示。由表5.1可知，大湘西地区二产产值与三产产值相近，2015年以后三产产值反超二产产值。

表5.2为2014—2017年大湘西地区及湖南省三次产业产值占地区生产总值的比重。

表 5.1　2014—2017 年大湘西地区三次产业产值、生产总值以及人均 GDP

年份	一产	二产	三产	生产总值（亿元）	人均 GDP（元）
2014	734.51	1 901.02	1 885.21	4 520.73	22 574
2015	800.43	1 951.66	2 144.95	4 897.05	24 318
2016	870.47	2 030.03	2 445.06	5 354.65	26 402
2017	900.32	2 150.11	2 815.01	5 865.44	28 720

资料来源：据大湘西各市州 2014—2017 年国民经济和社会发展统计公报整理。

表 5.2　2014—2017 年大湘西地区及湖南省三次产业产值占地区生产总值的比重

年份	一产（%）		二产（%）		三产（%）	
	大湘西地区	湖南省	大湘西地区	湖南省	大湘西地区	湖南省
2014	16.25	11.64	42.05	46.17	41.70	42.19
2015	16.35	11.53	39.85	44.32	43.80	44.15
2016	16.28	11.45	37.98	42.19	45.74	45.74
2017	15.35	10.70	36.66	40.90	47.99	48.40

资料来源：据湖南 2015—2017 年统计年鉴及湖南 2017 年国民经济和社会发展公报整理。

由表 5.2 可知，近四年大湘西地区二产在其区域的比重逐年下降，而且均低于湖南省二产在全省的比重。二产有继续下降的趋势，显现了大湘西地区产业结构不合理。前文已指出，这是一种产业结构"虚高级化"的现象，因此加强二产的发展势在必行。从规模以上企业生产总值而言，大湘西地区规模以上工业企业的生产总值占全省生产总值的比重最低，仅为 12.9%，与长株潭的差距大，仅为长株潭地区的 28.7%。2014—2017 年大湘西地区和湖南省生产总值和人均 GDP，以及大湘西地区占湖南省生产总值的比重见表 5.3。可知，大湘西地区每年的生产总值只占湖南省的 1/6 左右，近三年的人均 GDP 只为湖南省人均 GDP 的 3/5 左右。如果经济均按此速度发展，差距会越来大。21世纪伊始，美国麻省理工学院的经济学家保罗·克鲁格曼指出，"生产率不等于一切，但在长期内，它却几乎意味着一切"。一个国家提高其生活水平的能力几乎完全取决于该国提高人均产出的能力。国家如此，地区亦然。因此，如何提高大湘西地区的人均产出，也即人均GDP刻不容缓，而关键就是提高二产的产出。

表5.3 2014—2017年大湘西地区和湖南省生产总值、人均GDP及大湘西地区占全省比重

年份	生产总值（亿元）		人均GDP（元）		占湖南省生产总值的比重（%）
	大湘西地区	湖南省	大湘西地区	全省	
2014	4 520.73	27 037.32	22 574	40 271	16.72
2015	4 897.05	28 902.21	24 318	42 754	19.94
2016	5 354.65	31 244.70	26 402	45 931	17.11
2017	5 865.44	34 590.00	28 720	50 421	16.96

资料来源：据湖南2015—2017年统计年鉴及湖南2016年国民经济和社会发展公报整理。

由于2015—2017年各产业从业人数尚未获得，现仅以2014年的数据为例，考察各产业的人均产出。2014年大湘西地区三次产业的产值、从业人员数及相应的人均产值如表5.4所示。

表5.4 2014年大湘西地区三次产业产值、从业人员数以及相应的人均产值

项目	一产	二产	三产	生产总值
产业产值（万元）	734.51	1 901.02	1 885.21	4 520.73
从业人员数（万人）	674.90	218.76	465.52	1 359.18
人均产值（万元/人）	1.09	8.69	4.05	3.33

资料来源：据湖南2015年统计年鉴整理。

由表5.4可知，大湘西地区二产的人均产出最高，分别为一产的近8倍，三产的2.15倍。因而当前大湘西地区的首要任务是加快发展二产，除了限制发

展的二产外，其他各二产的子产业均要发展，以提高产出，特别是二产中的制造业更是地区国民经济增长的发动机。只有二产的充分发展，才能尽快提高地区的生产率，并通过其扩散效用，带来交通、通信等基础设施及其他服务业的发展，进而为农业的发展提供雄厚的资金，为进一步的发展创造条件。为此，在进行主导产业选择时，拟将二产，即工业所包含的各子产业均放在一起，作为一个主导产业来考虑。以下分析2016年湖南全省与其四大板块地区四大产业区位商的情况，如表5.5所示。

表 5.5　2016 年湖南省与其四大板块地区四大产业的区位商

地区	工业	旅游业	特色种养业	商贸流通业
大湘西	1.082	1.725	1.507	1.065
长株潭	1.177	0.878	0.492	0.994
洞庭湖	1.112	0.787	1.242	0.992
湘南	1.106	0.911	1.366	0.969
湖南省	1.172	2.223	1.230	0.684

资料来源：据湖南 2017 年统计年鉴整理。

从表5.5可以看出，大湘西地区工业的区位商为1.082，低于其他三大区域板块，而旅游业、特色种养业和商贸流通业的区位商则高于其他三大区域板块。主要是大湘西地区的工业相对薄弱而其他三大产业稍强所致。从表5.5大湘西地区四个产业的区位商来看，旅游业最强，区位商为1.725，似乎应作为大湘西地区的第一个主导产业。然而，由表5.6可知，大湘西地区的工业虽弱于其他三大区域板块，但在大湘西地区仍远强于其他三个产业，对大湘西地区生产总值的贡献最大，占大湘西地区总产值的比重达32%，且工业的人均产出远大于其他产业。因此，选择工业作为大湘西地区发展的第一个主导产业是必要的。

从现实基础看，大湘西地区工业主要有十类，即钢铁冶金及加工业、有色冶金及加工业、非金属矿产品精深加工业、机械制造业、材料工业、轻工制造业、能源产业、农副产品加工业、林木加工业和中药材加工业，发展基础均较好，因此选择工业作为大湘西地区发展的第一主导产业是可行的。

表5.6 2016年湖南省大湘西地区四大产业的产值以及占比

项目	工业	旅游业	特色种养业	商贸流通业
大湘西地区产值（亿元）	1 729.83	1 304.52	878.41	546.16
湖南省产值（亿元）	12 990.07	4 707.43	3 626.90	3 192.02
大湘西地区占全省对应产业比重（%）	13.32	27.71	24. 22	17.11
占全省总产值比重（%）	5.20	3.92	2.64	1.64
占大湘西地区总产值比重（%）	32.39	24.43	16.45	10.23

资料来源：据湖南2017年统计年鉴整理。

5.2.2.2 旅游业

由表5.6可知，2016年大湘西地区旅游业的产值占全省总产值的比重和占大湘西地区总产值的比重均低于工业，但均高于特色种养业和商贸流通业。从人均产出来说，旅游业也只低于工业，且大湘西地区旅游业的区位商为1.725，远高于湖南省其他三大板块。因此，选择旅游业作为大湘西地区的第二主导产业。

大湘西地区旅游业发展的现实基础较好。张家界市武陵源区辖索溪峪、天子山、张家界、袁家界四大风景区，是世界著名风景区。天门山和天泉山国家森林公园，奇山异水，美不胜收。湘西土家族苗族自治州有矮寨奇观、德夯大峡谷、乾州和凤凰古城、猛洞河漂流、国家地质公园红石林、国家森林公园坐龙峡和不二门等景观。怀化市有雪峰山国家森林公园、双溪古镇、花洋溪苗寨、西海旅游度假区、沅城古村以及安江古镇、高庙遗址。邵阳市有山川秀丽的崀山，"边溪—桃林—南山—长安和新宁崀山—武冈云山—城步南山—广西桂林"的旅游精品黄金线路。娄底市蚩尤文化、梅山文化绚丽多彩，是"全国先进文化市"；有国家5A级景区大熊山国家森林公园、城东狮子山公园；湄江国家4A级景区紫鹊县梯田和梅山龙宫；飞水涯国家3A景区等18个省级以上旅游品牌。综上，大湘西地区的旅游业基础雄厚，并有广泛的发展潜力，选择旅游业作为该地区的第二主导产业是可行的。

5.2.2.3　特色种养业

由表5.6可知，2016年大湘西地区特色种养业产值为878.41亿元，远低于工业及旅游业，但远高于商贸流通业。结合表5.5可以知，2016年大湘西地区特色种养业的区位商为1.507，均高于湖南其他三大板块地区，表明其具有比较优势。同时，特色种养业关系到大湘西地区千村万户农民的衣食住行，而且特色种养业符合绿色生态发展理念，其产品是广大消费者喜闻乐见的食品。因此选择特色种养业作为大湘西地区第三主导产业。

同样，特色种养业发展基础较好，一是规模大，已形成种养业基地；二是品种多，均有特色。种植业主要有优质稻米、黄豆、油菜、油茶、魔芋、葛根粉、高山蔬菜、中药材、脐橙、绿茶、金银花、百合等最负盛名。养殖业主要有猪、牛、兔、鹅、特色水产品等，其中新晃黄牛、娄底黑猪、五强溪鱼、张家界大鲵等驰名中外。可见，选择特色种养业作为大湘西地区的第三主导产业亦是可行的。

5.2.2.4　商贸流通业

由表5.5及表5.6可知，2016年大湘西地区商贸流通业的产值为546.16亿元，低于其他三大产业，占大湘西地区总产值的比重远低于其他三大产业。从区位商来看，大湘西地区为1.065，高于湖南其他三大板块地区。此外，商贸流通业是商品流通和为商品流通提供服务的产业，主要包括批发和零售贸易业、餐饮业、仓储业，并涉及交通运输业。商贸流通业及商品市场是联系生产与消费的中间环节，是工农、城乡和地区之间联系的桥梁和纽带，涉及千家万户，是社会化大生产的主要环节，衡量综合国力和居民生活水平的晴雨表，也是市场经济成熟度的反映。因此，选择商贸流通业作为大湘西地区发展的第四个主导产业是必要的。

从现实基础看，张家界市是湘、鄂、渝、黔四省边区的综合交通枢纽和物资集散中心。焦柳铁路横贯全境，澧水四季通航。荷花机场为国际航空口岸，S300、S328省道纵横区内，常张、张罗、张桑、张沅、张青、张慈公路四通八达，方便农副产品的销售运输。湘西土家族苗族自治州已建成家电等12个大型专业批发市场，网点营业总面积达24万平方米。怀化市湘黔、焦郴、渝怀铁路、沪昆高铁在城区交汇，沪昆、包茂、娄怀高速和320、209国道穿境而过。该区拥有的多类综合批发市场超过45个，商业网点1.5万余个，初步形成了建材等十大类专业市场，年成交额数百亿元。邵阳市将构筑以洛湛呼南、长邵城际，沪昆高铁、怀邵衡铁路，兴永赣和邵冷为基础的"三纵三横一连"的快速铁路网络。公路已形成二广、呼北、洞溆及城龙高速，沪昆、邵衡、武靖及新永高速和新白、邵坪高速为骨架的"三纵三横一连"格局。娄底市依托沪昆高铁客运站，正在构建城南生活资料为主的商贸物流园。以娄长、益娄衡高速建设为契机，构建城北西恩物流园，为钢铁等资源和工业产品提供储运。综上，通过对现实基础的分析，进一步论证了选择商贸流通业作为大湘西地区发展的第四主导产业是可行的。

5.2.3　主导产业选择及排序

各市州为大湘西地区的一部分，自然其主导产业也限定为上述四大产业，只是排序略有调整。现以张家界市为例进行分析。2016年，张家界市四大产业的产值、区位商及占湖南省对应产业产值的比重如表5.7所示。旅游业的产值为420.05亿元，远高于其他三大产业，区位商高达3.46，占全省对应产业产值比重为8.92，均远高于其他三大产业。表明旅游业确是张家界市的优势产业、支柱产业。旅游业的现实基础已在前文分析，故选择旅游业为张家界市的第一主导产业。张家界市的工业相对薄弱，2016年其产值为85.81亿元，但人均产出远高于其他产业。因此，选择工业为第二主导产业。特色种养业与商贸流通业分别作为第三、第四主导产业。其余4个市州仿此处理，现将大湘西地区及其各市州的主导产业及其排序列于表5.8。各市州所属的区县，其主导产业应以上述各市州的四大产业为限，其排序依据各区县具体状况决定，一般应以工业为第一主导产业。

表 5.7　2016 年张家界市四大产业产值、区位商以及占湖南省对应产业产值的比重

产业类别	工业	旅游业	特色种养业	商贸流通业
产值（亿元）	85.81	420.05	58.39	60.42
区位商	0.53	3.46	1.19	0.71
占全省对应产业产值的比重（%）	0.66	8.92	1.61	1.89

资料来源：据2017年湖南、大湘西各市州国民经济和社会发展统计公报整理。

表 5.8　大湘西地区以及所属各市州主导产业及其排序

地区	第一主导产业	第二主导产业	第三主导产业	第四主导产业
大湘西地区	工业	旅游业	特色种养业	商贸流通业
张家界市	旅游业	工业	特色种养业	商贸流通业
湘西州	工业	旅游业	特色种养业	商贸流通业
邵阳市	工业	特色种养业	旅游业	商贸流通业
怀化市	工业	特色种养业	旅游业	商贸流通业
娄底市	工业	特色种养业	旅游业	商贸流通业

5.3　大湘西产业优化升级发展对策

5.3.1　制定产业整体发展规划

产业的优化升级应坚持绿色发展理念，首先制定统一、切实可行的产业

规划，根据株洲市不同县市区域的比较优势，从全市范围对产业进行整体布局，协调区域间产业发展，提升全市产业发展水平，形成全市范围内的较为完整的产业链。产业整体发展规划拟从科学定位产业发展和促进产业空间合理布局等两个方面提出相应的政策建议。

5.3.1.1 科学定位产业发展

科学定位产业有利于发挥地区资源优势，促进产业绿色健康快速发展，各地市存在产业定位不清、定位不合理以及重复定位等问题，为推动产业优化升级，应考虑整体把握区域产业定位、依托自身优势明确产业定位和合理定位产业发展路径等方面。

(1) 整体把握区域产业定位。从大湘西全局的角度出发，整体考虑各区域产业的定位。调动各县市共同参与产业定位，建立区域产业评估机制。加强各县市产业定位与区域国民经济和社会发展规划、城市规划和土地利用规划等的有效衔接，使全市更好地实现产业整体协调发展。

(2) 依托自身优势明确产业定位。依据比较优势理论，从自身所处的区位、发展基础、资源条件等方面的实际情况出发，立足地方经济特色，明确地区产业定位，着力打造特色和优势主导产业。如依托区位优势，加强物流基础设施建设，发展现代物流，完善物流建设体系；依托资源优势，发展特色加工业、特色旅游等特色产业；依托发展基础，从传统产业改造升级为高新技术产业。同时，各地政府应整合各类资源，立足特色产业定位，重新配置生产要素，走内涵式绿色发展道路，引导开发区由粗放的扩张竞争转移到突出特色、提升产业整体竞争力上，科学制定产业长远发展目标，进一步完善战略和发展规划。

(3) 合理定位产业发展路径。根据当前产业发展情况及外部市场环境、国家政策和产业发展趋势等，制定新常态下适应新经济发展环境的产业路径。以大湘西传统优势产业——农副产品为例，在互联网经济环境下，电子商务市场对传统农产品行业造成了极大的冲击，农产品产业的转型升级应更多依托电子商务的发展，促进传统农产品与电子商务的融合，及时营造电子商务发展良好外部环境，加快产业网络基础设施建设；针对国家限制资源开发，走可持续发展道路政策，改革各产业、各企业技术创新体系，制定可持续的绿色发展路径。

5.3.1.2 促进产业空间合理布局

产业空间布局关系三次产业发展质量，关乎经济发展效益，合理的产业空间布局为地区经济的增长提供有效的结构效益基础，有利于引导产业的优化升级与绿色发展。

(1) 全局规划。产业空间布局应从全局层面整体规划，做到统筹兼顾、全面考虑。进行产业空间布局的目的是使产业分布合理化，实现大湘西整体综合利益的最优，而非局部区域利益的最优。因此，应根据不同区域、不同县市的不同条件，依据比较优势理论，明确各地区的产业定位及在地区经济发展中的角色和地位。根据实际经济发展状况，应在不同时期确定各产业重点发展的地区，建议各市州布局两个主导产业。在大湘西整体规划的指导下，各市县再根据本地区的特点，合理进行本地区的产业规划，而不应忽视整体利益，一味地发展自己的优势产业。应从完善产业链的角度进行全局规划，协调布局各区域主导产业和配套产业，完善全市整体产业链。

(2) 错位布局。应从大湘西层面对各区域进行错位分工布局，充分考虑相邻区域的环境和优势，对各区域产业进行错位布局，努力实现由同质化竞争向差异化发展转变，防止低水平重复建设、产能过剩和恶性竞争等问题。错位布局应突出不同区域的优势、扬长避短，使有限的资源得到最佳配置。应促进重点产业差异化布局，资源整合、优势互补、分工发展，强化区域产业协作。应在政策上鼓励有条件的地方加快发展，使不同区域能集中精力重点突破，形成若干个经济增长极，带动辐射周边地区发展。

（3）集聚发展。产业规划应遵循集聚发展的空间布局原则，引导产业发展在地域上聚集，再向其他地域扩散。应通过合理的产业空间布局引导产业集聚发展，加强产业关联度布局，加强土地、水、电力、能源等生产要素的集约利用程度，通过空间布局引导产业集中、集聚、集约发展，形成产业集群，做大做强优势产业。应加强相关产业园区的集聚布局，增强产业集聚和规模效应，最大化共享资源，形成产业合力，减少重复投资，节约资源和能源，促进产业优化升级。

（4）合理分配。产业空间布局应注意布局分配的合理性，应确保各区域产业发展所需土地、资金的合理分配。其次，产业园区内的规划可依据企业规模实行"大中小"的空间布局。对于骨干企业，规划相对较大的空间范围；对于骨干上下游的中型企业，分配中等的发展空间；对于小企业提供相应的建筑空间。

5.3.2 推进主导产业发展

5.3.2.1 重点发展工业，特别是发展先进制造业，培育壮大优势产业

当今世界发展最快的发展中国家，大多是那些工业在 GDP 中占比上升最快的国家。因为制造品具有生产和需要的特点，是一个报酬递增的活动。在工业中，所有生产要素都是可变的。其次，对大多数工业品的需求具有收入弹性，使得对劳动的需求可能上升得比劳动生产率更快，从而导致就业增加并且资本积累得更多，这将进一步促进劳动生产率的提高，使工业成为"增长的引擎"。然而近年来，大湘西地区的工业比重在不断下降，该地区目前处于区域经济发展的成长阶段，更应重点、着力发展工业，调整产业结构，促进经济增长。前文已指出，大湘西地区在钢铁冶金及加工业、有色冶金及加工业、材料工业、非金属矿产品精深加工业、机械制造业、轻工制造业、能源产业、农副产品加工业、林木加工业和中药材加工业等工业方面具有较大优势，应进一步引导其往高、精、深的方向发展。坚持保护与开发并重，着力打造大湘西地区

矿业集团，建成一批矿产品勘探、开发和精深加工基地，优化整合水泥行业，提高集约化、规模化经营水平，对农林产品加工业而言，发展草食动物、粮油、烟酒、果蔬、茶叶和林产品加工等特色产业，重点开发猕猴桃、柑橘、百合、魔芋、茶叶、肉类、大鲵、奶品等，以及竹木加工。在制造业方面，着力发展纺织机械、电子设备、汽车零部件、工程机械、农业机械、小五金、煤机制造、钢铁冶炼与制造等。引导、支持龙头企业争创国家和省级品牌、驰名商标和著名商标，对获得国家、省、市名牌产品、驰名、著名商标的中小企业给予奖励。在生物医药方面，规划建设武陵山区域民族医药研发制造中心，围绕中药材深度开发，延伸产业链，发展中药材加工块生物药产业，推进特色民族药品生产，大力发展医药保健品，努力打造一批旗舰型、基地型、领跑型企业。例如，湖南汉清生物科技技术有限公司、中南药、国药股的金银花产业，以及湘西土家族苗族自治州的生物科技有限公司等，按照"龙头聚集一批、品牌带动一批、改制激活一批、外资嫁接一批"的思路，大力发展中小企业，积极培育成长性企业，使工业比重不断加大，以工业带动经济发展。

5.3.2.2　大力发展生态农林产业，形成农业循环产业链

大湘西地区拥有丰富的特色种养产品，尤其以水果、茶叶、禽畜、水产为代表。坚持特色发展、绿色发展的方针，加快推进色农林产品区域布局，努力提高农林产品的生产经营水平，特别是应扶持一些起点高、带动能力强的农产品生产企业，促进一批质量优、销路好、效益高的特色农产品开发，打造一批生态粮油产业品牌、地方特色名优种养业品牌、优质特色水果产业品牌，以及"潇湘"茶品牌。开展品牌营销，加大力度宣传，提升大湘西地区生态农业、绿色农业的知名度，对已有名气的产品实施精准培育。同时，企业也应不断地改良农产品品种，使其品质不断提升，例如，对防虫害、口感好、产量高等改良品种的培育，大力发展"龙头企业＋农户、市场中介组织＋农户、专业

批发市场＋农户、科技园区＋农户合作经济组织＋农户"等新型农业经营组织形式，促进农业生产经营向更高层次发展。鼓励农产品生产企业不仅将生产的农产品销售到全省、全国，更应充分利用其农作物的副产品，进行资源最大化使用，即建设农业循环产业链。例如，利用农作物秸秆做培养基料，生产食用菌、秸秆沼气、秸秆饲料、秸秆人造板、秸秆木塑等秸秆高效高附加值循环利用模式，形成"种植业—农产品废弃物—沼气工程—沼渣沼液—有机肥料—种植业"，或者"养殖业—动物粪便—沼气沼液—有机肥料—种植业—农作物副产品—养殖"等循环产业链。

5.3.2.3　加快发展第三产业，提高服务质量

大湘西地区旅游资源极为丰富，而有丰富的自然资源就可能会忽视对其他产业的投资，其原因在于，拥有丰富的自然资源部门，具有高工资或高收入，这将会抑制其他部门的创业活动和创新，因而忽视了发展经济中的其他部门，大湘西地区近年来就忽视了对工业部门的经济发展。当然也要充分利用资源优势，在发展工业的同时，也要一凤凰古城、张家界、崀山为龙头，加大周边其他奇山秀水地区的开发，尤其是与旅游相关联的服务业要配套发展起来，加大对大湘西地区交通、通信等基础设施的建设，以张家界国际航空港为主体，加快支线机场的新建、扩建工程，不断完善大湘西地区的交通网络，构筑一体化的交通体系。要加快具有大湘西地区特色的旅游产品开发，将产品与地区特色结合起来，也要打造高品质的旅游服务，在旅游体验上给游客带来最优的满意度，同时带动与旅游相关的住宿与餐饮业、商品批发和零售业以及社会消费品零售业的发展与提质升级，加强各市州旅游景点的联系，打造全域旅游，特别是商贸流通业作为成长中的行业，应积极培育，充分利用大湘西地区与周边四省市区相邻的区位优势，把其建设为沟通中西部的重要省际边境贸易中心。

5.3.3　优化产业要素资源配置

5.3.3.1　加大对大湘西地区生产要素的投入，努力提升竞争能力

前文已指出，大湘西地区严重缺乏人才和科技创新，不仅政府要积极加强对社会发展的支持力度，企业也应该加强自身吸引人才和创新的能力。一方面，企业发展职业教育和技工教育，加强职业技能的培训，可通过完善产业人才培养激励机制，充分调动产业人才参加培训和提升自我能力的积极性；建立产权激励办法，制定知识、技术、管理、技能等生产要素按贡献参与分配的企业制度；推进高级层次人才、高级技能人才年薪制、协议工资制和项目工资制等多种分配方式；定期对按时完成、超前高质量完成任务的员工给予一定的奖励；培养员工的竞争意识，营造良好的竞争氛围；加强员工对企业定位、企业文化的学习，力争上游，又快又好地把企业建设为优秀龙头企业。另一方面，鼓励企业加大对科技研发项目的投入，可通过加强与长株潭等发达地区的交流与合作，引进吸收其他地区的先进技术；也可鼓励自身企业研发人员培养创新思维，定期组织学术交流活动：定期为研发人员创造参加培训的机会，同时增强与高校合作，将高校研发产品与企业生产相结合。

5.3.3.2　加大政策要素支持力度，促进产业更好发展

在加强政府引导职能建设的同时，要加大对大湘西产业优化升级过程中优惠政策的支持。

（1）税收政策。行之有效的税收优惠政策，是世界各国支持落后地区发展的重要手段。从中长期来看，税收政策的公平性、普惠性和可操作性，将给大湘西地区产业发展带来更为理想的效果，省级政府应积极向中央争取有利的税收政策，包括扩大落后地区税收政策的优惠范围、幅度和适用地区。

（2）基础建设支持政策。近几年来，大湘西地区基础设施有了较大改善，沪昆高铁、包茂高速公路等建设开通，使交通方面有了较大的突破。但大湘

西地区大部分为山地和丘陵，基础差，总体上基础设施仍然薄弱。因此政府今后应不断加快交通建设，即以构建省内外相连通网络为目标，突出城乡对接，突出重要产业和城镇节点，突出重点工程，对机场、铁路、公路的建设予以重点支持，同时加强水利建设，需加大力度利用和保护水资源。坚持大型水利工程与农田水利基本建设相结合，支持城乡供水、配水管网建设，强化水资源公共管理。

(3) 社会发展支持政策。由于大湘西地区受到教育、资金、人才等要素的约束较为明显，因而社会事业和民生保障水平相对较低，坚持经济与社会协调发展，全面提升城乡公共服务水平，是推进大湘西地区产业优化升级必不可少的一环。具体如下：

①优先发展教育事业。鲍尔达奇等发现，GDP 在教育上的支出每年增加1%，平均增加三年的教育年限，15年后将使得每年 GDP 增加1.5个百分点，人均贫困率减少17%。教育作为促进 GDP 增长的重要因素，更应重视，不仅要增加教育的数量，也应提高教育的质量。

②加强基本的医疗卫生服务，着手解决人们"看病难、看病贵"的问题。

③提高社会保障水平，社会保障发挥着社会稳定器的作用。要实施全民参保计划，强化政策衔接，完善城镇职工基本养老、城乡居民基本养老、城镇基本医疗、失业、工伤、生育等保险制度，健全社会救助体系，提高社会福利水平。加快推进住房保障和供应体系建设，构建以政府为主提供基本保障、以市场为主满足多层次需求的住房供应体系。对有住房困难的群众，政府必须"补好位"，提供基本的住房保障。

④加强人才队伍的建设。构建网络化、数字化、个性化、终身化的教育体系，建设"人人皆学、处处能学、时时可学"的学习型社会。总之，要按照人人参与、人人尽力、人人享有的要求，坚守底线、突出重点、完善制度、引导预期，注重机会公平，着力保障基本民生。多谋民生之利，多解民生之忧，

在幼有所育、学有所教、劳有所得、病有所医、老有所养、住有所居上持续取得新进展。

5.3.4 提升政府服务职能

根据区域经济学的相关理论，可建立大湘西地区区域治理组织，政府则站在较高的角度，从长远的眼光来看待区域治理问题，对于区域治理组织的治理决策，政府可在决策形成过程中表达自己的观点，但一旦形成决策，就应不折不扣加以执行。具体可借鉴国外的一些经验：

(1)区域治理组织是地方政府之间交流的平台；

(2)区域治理组织拥有地方政府赋予的某项或几项职权；

(3)区域治理组织负责与区域有关的管理职能，但政策过程由省政府主导，在区域治理过程中，政府应尽量减少市场与社会范畴事物的干预，而应集中精力提供公共服务，同时开展事业单位改革，深化行政审批制度改革及加强社会管理。

政府自身应加强自我建设、自我管理，带好头，领导好大湘西地区向全面建成小康社会稳步前进。要按照阳光、高效、规范的准则，最大限度地变管制为开放，变审批为鼓励，做到廉洁、高效、主动服务，为大湘西地区创造良好的政务环境。阳光执政，即要求各市州政府以提高行政效率和公共服务水平为重点，大力创新行政管理的理念、体制和方式。结合《政府信息公开条例》，编制好政务公开目录，规范政务公开内容。高效执政，即要求进一步优化审批流程，按照"项目最少、流程最简、时间最短、效率最高"的要求，认真贯彻落实。也要严格落实首问首办责任制、限时办结制和服务承诺制等制度。例如，对保留的行政审批项目涉及多个部门的，可采取联合审批的方法来减少审批流程，节约时间，提高效率。规范管理，即规范行政处罚自由裁量权。定期开展行政审批事项专项执法检查，重点针对"体外循环"问题进行查纠其结果在大湘西地区进行通报，坚决整治乱检查、乱收费、乱罚款、乱摊派的"四乱"行为。对违规罚款行为坚持"教育为主、处罚为辅"的原则。

5.4　本章小结

大湘西是湖南地理区位优势不明显、工业基础欠发达的区域，多山地，自然资源丰富，是湖南产业优化升级发展的重要组成部分，是需要重点关注的区域。本章选取具有典型代表的大湘西地区为研究实例，研究了大湘西地区产业发展现状，指出大湘西地区经济增长放缓，与全省差距逐渐缩小；转型加快，产业结构不断调整；服务质量不断提升，旅游业蓬勃发展等问题。分析了产业发展中的问题及其成因，如产业结构不合理，工业实力较弱；旅游业基础设施配套不完善，未形成全域旅游；特色农产品品牌效应不佳，未形成良好的产业链。在此基础上，对大湘西地区主导产业选择与排序，提出大湘西产业优化升级对策，因地制宜地科学规划区域产业、推进主导产业发展、优化产业要素资源配置、提升政府服务职能等举措。

第四篇 省域产业优化升级研究

宏 观 篇

　　近年来，我国政府高度重视创新发展和绿色发展，主要以产业优化升级解决环境污染严重、资源利用率不高和投资回报率低等问题。湖南承担"两型社会"综合配套改革试验区的建设重任，更应加快贯彻落实转型升级发展理念，推动产业优化升级。本篇拟从湖南宏观层面研究产业的优化升级发展实践，重点选择新兴产业和传统产业两个维度进行研究，通过多种要素资源引导区域产业优化升级，践行"技术、人才、金融、政策、监管"五位一体全面发展理念，构建"创新链、供需链、要素链"多链融合、共生共享的发展模式，优化资源配置，全方位、全过程、全链条参与产业优化升级，推动省域产业高质量发展。

第6章　湖南新兴产业链优化发展研究

推进工业新兴产业优化发展是湖南优化产业结构，实现优化发展的关键。为此，作者先后到辽宁、深圳、长沙、株洲、湘潭等地开展了调研。本书认为，湖南推进工业新兴优势产业链发展，要坚持绿色发展理念，围绕创新链、供需链和要素链精准发力，找准"梗塞点"，形成"制高点"，加速链内循环和链间互动，通过三链同频共振融合发展，加快打造世界级产业集群。

6.1　湖南新兴产业发展基本情况

新兴优势产业链是湖南省实体经济振兴战略的核心。发展新兴产业，与国家战略性新兴产业规划形成交汇，能有效调用国家战略资源，参与或主导行业标准建立；发展新兴产业，是供给侧改革的重要组成，提供创新、优质的服务和产品，加大更富竞争力的产品供给，在境内外市场确立"湖南制造"的高端品牌定位；发展新兴产业，符合经济高质量发展要求，是落实"创新引领、开放崛起"战略的关键，有利于优化产业结构，提升全产业链的创新竞争力，全方位深度融入全球产业体系。

6.1.1　产业链产值初具规模

2015年，新兴优势产业链实现总产值6 958亿元（见图6.1），工程机械、轨

道交通和化工新材三大产业链产值规模排名前三。预计2020年实现总产值
16 990亿元，装配式建筑、工程机械、轨道交通等六大产业链产值有望突破
2 000亿元。从增速看，"十三五"期间，20条产业链均保持较高增速，其中，
自主可控计算机及信息安全、空气治理技术及应用、IGBT大功率器件、装配
式建筑四大产业链年均增速有望突破50%。

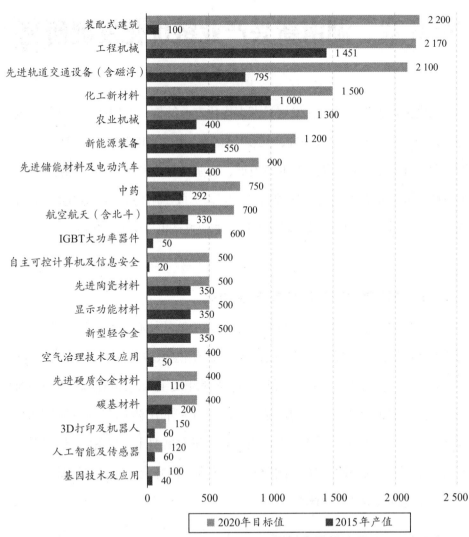

图6.1　新兴优势产业链产值（单位：亿元）

6.1.2　产业链体系基本完善

从产业类别看（见图6.2），20条产业链核心资源虽各不相同，但在资源掌控力上均具备相对优势。如技术和资源密集型的新材料产业链，湖南省在有色金属资源、科研资源、管理机制上具有优势；资本和技术密集型的高端装备制造业，湖南省在产品研发、"走出去"中影响较大；知识密集型的人工智能、基因工程产业链等，在军工、医疗等公共领域的人才、技术方面积累深厚。从纵向体系看，湖南省新兴产业的相对优势主要集中在产业链中游偏上游，即应用研发、生产加工、产品制造等能力，向产业链上下游延伸具备较大空间，如工程机械产业链进一步掌控上游核心零部件产能，精耕下游"一带一路"沿线国家市场；新材料产业链建立稳定的上游原材料供给基地，加快与下游高端装备制造业的应用融合；3D打印产业链强化上游技术研发，加大在医疗、航空航天等领域的应用布局。

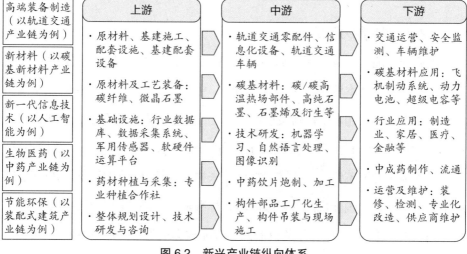

图6.2　新兴产业链纵向体系

6.2 湖南新兴产业存在的主要问题

产业链的发展，其本质是核心子链（创新链、供需链、支撑链）从初设、演化到成熟的融合过程。从调研看，湖南省新兴产业发展还存在三个方面的不足。

6.2.1 创新能力不足

个别领域／环节有突破，但整体协同能力较弱，具体表现为：原始创新能力不强，产研结合不够紧密，高校基础研究与产业前沿需求关联不强；部分关键技术、关键成套设备、关键元器件严重依赖进口，如生物医药、农业机械等产业链自主知识产权不足；实验、检测平台少且分布不均，如轨道交通产业链实验验证未达国际先进水平，电力装备产业链试验检测手段不足，高校、军用仪器设施开放不畅等。

6.2.2 供需能力不足

供应配套能力不强，新产品／市场开拓不快，具体表现为：配套企业发展缓慢，规模偏小，本地配套率不高。例如：中电四十八所光伏装备规模全国第一，下游光伏电池和发电设备发展乏力。上中下游企业布局分散，产业集聚度不高，如化工、新材料等对集聚要求较高的产业链，省内产业布局统筹不够。制造业服务化发展不快，产业链附加价值未被充分挖掘，如新能源汽车产业链后市场发掘不足。国际化尚处初级阶段，标准输出、品牌输出不足。新产品市场开拓能力不强，如3D打印及机器人、装配式建筑等市场开拓不足。

6.2.3 支撑能力不足

园区同质化严重，对资本、人才吸引力不强，具体表现为：园区的产业集聚度偏低、核心竞争力不强，除几个国家级园区，大部分园区产业链承载能力不足；产业链金融发展较为缓慢；与京津冀、长三角、珠三角，甚至武汉城市群相比，若不考虑乡情因素，湖南对产业人才，特别是高端人才 / 团队的吸引力不具优势。

6.3　推进湖南新兴产业优化发展对策

新兴产业优化升级发展是复杂的系统工程，湖南要遵循绿色发展、创新驱动、市场主导、要素集成原则，按照部署创新驱动链、壮大供需主体链、强化支撑要素链的发展思路，引导创新链、供需链和支撑链深度融合。

6.3.1　建立多元化的创新供给模式

对可产业化的创新成果，要积极开拓企业内部、学研军、技术交易、众创空间、中小微企业等多元供给，重点发展四种模式。

6.3.1.1　企业内部供给模式

鼓励企业承接国家重大科研项目，增进技术储备；鼓励企业设立、兼并购海外研发机构，打破技术封锁；探索企业研发准备金制度，并予以财税、金融支持。

6.3.1.2　"军转民"供给模式

加大军工技术 / 产品供给，重点推进先进军工技术在新能源、新材料、航空航天、电子信息等产业链中的使用。加快建立保密分级制度，加强科研仪器共享，国防专利及时解密转民用。推动共性基础和通用领域的军民品联合设计开发和生产线的联合建设，满足军民双向需求，如信息安全领域的存储控制器芯片，可推进军民融合发展，建设国内标志性的存储产业基地。

6.3.1.3　"市场化"供给模式

搭建专利交易平台，促进产业链专利供需对接。开展校企、院企技术交易，促进科研成果转化。鼓励核心企业开展跨国并购，重点关注上下游长期客户或行业知名品牌，加强并购前的尽职调查和并购后的产业整合。

6.3.1.4 特色化供给模式

针对应用性较广泛的创新成果，鼓励跨界应用供给，如轨道交通技术应用于新能源汽车、工程机械技术应用于农机、IGBT 技术应用于智能电网、风力发电。鼓励开放式供给，如人工智能、基因技术、显示功能材料等产业链，加强与国内外高校、科研机构的合作，发挥中小微企业、众创空间、科技创业人员的作用，形成多样化的创新供给来源。

6.3.2 形成多层次的创新扩散网络

把握创新扩散规律，抓住创新转换重点环节，加快形成多层次、高效率的创新流动与扩散网络。

6.3.2.1 夯实基础学科底层网络

以"双一流"学科建设为契机，扶持新材料、铁道、医学等学科冲击 ESI(基本科学指标数据库)排名前1%，聚焦学科前沿，优化学科结构，培养产业人才梯队。

6.3.2.2 形成创新转移主干网络

促进产学研交流，完善利益分配机制、风险承担机制、个人约束机制。创新校企合作机制，推行工学合一，建立企业新型学徒制，带动教学科研模式调整，引导学术研究方向。定期组织高校—企业交流会，开展联合实验室、开源社区等新的合作模式。

6.3.2.3 加速创新要素纵向流动

通过技术创新产业联盟加速创新纵向流动，支持"链主"企业统一技术标准，强化技术耦合，由单个企业、单项技术的突破创新转向多个企业、多项技术的集成创新。根据技术成熟度实施灵活的联盟形式，如研发阶段的合作创新联盟(人工智能联盟、基因技术联盟等)、扩散阶段的专利转让联盟(3D 打印联盟、装配式建筑联盟等)和成熟阶段的标准制定联盟等(风电产业联盟、轨道交通产业联盟等)。

6.3.3　完善全覆盖的创新服务体系

围绕创新链的研究开发、中试孵化、知识产权、技术交易、技术咨询全过程，逐步建立全覆盖的创新服务体系。

(1)以创新创业大赛、高交会、创业服务中心、科技企业孵化器等为主的企业成长培育体系。

(2)创业投资和股权投资、间接融资和直接融资有机结合的科技投融资体系。

(3)以行业共性技术、产品开发和技术转移为主的公共服务体系，如大型科学仪器设备共享平台、公共科技资源共享平台、产业共性技术公共服务平台等。

6.3.4　提升原材料供给能力

把握产业链上游原材料市场定价话语权，加强新材料与装备制造等产业链的配套协同，建立稳定的原物料供给体系。

(1)规范省内战略性原物料供给。加快僵尸企业和落后产能淘汰，加快有色矿山、冶炼及加工企业的重组兼并，组建铜铝合金、铅锌、钨铋、稀土稀贵金属、有色科技大型集团或行业联盟，为下游产业链提供稳定的原材料供给。

(2)建立境外原材料供给体系。支持获取境外紧缺资源的勘探权、开采权，拓展海外原材料供应基地。鼓励高端装备制造产业链依托境外矿产资源开发项目，开展铜、铝、铅、锌等冶炼和深加工，带动成套设备出口。

6.3.5　提升零部件配套能力

根据产业链配套成熟程度，实施精准化的产业招商，提升零配件供应能力。

6.3.5.1　实施"建链"招商

对上下游发展不均衡的产业链，依托专业园区重点引进在产业链中具有核心地位的龙头企业，并以之为基础进行辐射延伸，打造全新的产业链条，如基因技术及应用产业链，重点引进上游耗材、设备供应商，强化中游测序及数据分析能力；硬质材料产业链，应建立冶炼、原料、制品、零件与工具、部件、高端应用装备、生产性服务等全产业链。

6.3.5.2　实施"补链"招商

对某个环节缺失的产业链，从纵向产业链的角度进行补充式招商，抓好与产业链上下游延伸有关的配套项目、合资合作项目的引进和实施，实现产业链向上、下游延伸，打造产业集群。

6.3.5.3　实施"强链"招商

对配套相对完善的产业链，鼓励企业增进全产业链掌控能力，从低附加值环节向高附加值环节迁移，强化核心竞争力。

6.3.6　开拓后端延伸的服务市场

对于高端装备制造业，要开拓深耕后端服务市场。例如，工程机械：形成服务、维修、融资租赁、配件、租赁、二手机、再制造等全产业链。轨道交通：争取建立入境维修口岸，延伸服务链条，大力发展入境维修业务。新能源汽车：提前布局汽车商贸、汽车文化博览、汽车金融、汽车运动、现代物流、汽车教育等汽车后市场业务。

6.3.7 开拓创新产品的应用市场

加大政府采购力度，积极拓宽政务市场。支持新兴产业链产品进入政府采购目录并优先采购，重点引导产业链进入央企采购供应系统。在落实《全省工业领域 "百项重点新产品推进计划" 实施方案》的基础上，完善技术/产品应用推广模式。加强标准化工作，掌握标准立项权，通过制定符合产业发展的标准体系加快行业发展。推进新产品多领域应用，扩展机器人、3D 打印应用领域，将装配式建筑技术 "移植" 到地下综合管廊领域。

6.3.8 开拓 "一带一路" 沿线市场

以新兴产业为 "走出去" 的重点，开拓 "一带一路" 市场。

6.3.8.1 铺设 "走出去" 境外网络

鼓励轨道交通、工程机械、农业机械等在 "一带一路" 沿线国家建立装配、维修基地和研发中心，整合境外优质资源，完善境外销售网络。

6.3.8.2 鼓励企业参与跨国并购

加强与欧美技术合作和对高端市场的开拓，增强技术革新、全球投放和本地化能力，重点推进中联重科、山河智能、永清环保、三诺生物等海外并购项目。

6.3.8.3 加大财政支持

省开放型经济发展专项资金要加大对企业走出去对接 "一带一路" 暨国际产能合作的支持，重点支持前期费用、海外项目贷款贴息和海外项目保险费用。

6.3.9 强化园区的平台支撑功能

6.3.9.1 引导园区 "基建化" 向 "专业化" 转型

按照 "一链一园" 原则，重点发展产业链集聚区或在国家级园区下设 "园中园"；对跨园区/跨境布局的产业链，鼓励探索"主基地＋飞地"等管理模式。

6.3.9.2 提升园区服务功能集成能力

增进专业园区产业链功能集成能力。进一步集成标准厂房功能，为中小企业提供可租可买的标准厂房；进一步集成公共服务功能，提供各类信息动态、培训工程、人才招聘、法律咨询、会展、融资服务、信用担保、电子商务等服务，推进产业配套的信息化进程。

6.3.9.3 提升园区运营管理能力

鼓励园区去行政化运营，引入市场化专业运营机构，强化市场对接能力。优化会议、接待、餐饮、外联等基础服务，满足企业个性化需求。发展会所沙龙、产品发布、行业交流、媒介宣传等增值服务。

6.3.9.4 提升园区"数字化"能力

搭建与产业链互动发展的园区云服务平台，根据产业链发展需求扩展服务范围。例如，在产业链初创期提供工商注册一站式服务，技术金融与政策咨询辅导服务；企业成长期提供政策扶持服务、财税服务、知识培训服务、社会中介服务、企业成熟期提供工程咨询、政府公关、投融资服务和企业上市服务等。

6.3.10 创新发展产业链金融

探索新兴产业金融模式，有效拓宽融资渠道、盘活流动资产、降低经营风险，回归金融支持实体的本质。

6.3.10.1 引导金融机构加大产金业务投入

引导传统金融机构转变盈利路径依赖，从企业大客户依赖模式向产业链集群模式转变。创新信贷管理体制，合理参考技术、人才、市场前景和绿色发展水平等产业链"软信息"，运用信用贷款、知识产权质押贷款等方式，提供产业链金融一揽子解决方案。

6.3.10.2　探索互联网金融的产金融合模式

以新兴产业为试点，引导企业与互联网金融平台进行对接。鼓励互联网金融平台优化风控体系和业务模式，为产业链企业，尤其是中小微企业提供综合解决方案。

6.3.10.3　鼓励核心企业申报"延伸产业链金融服务试点"

鼓励符合政策条件的"链主"企业把握政策机遇，积极拓展产金业务，加快融资租赁业务发展，借助其对产业链的把控，通过资金封闭运行，为上下游中小微企业提供优质的金融服务。

6.3.10.4　鼓励各市州积极发展绿色金融

结合当地实际，以解决突出的环境污染和资源浪费问题为重点，积极探索和推动绿色金融发展。大力加强金融信息基础设施建设，推动信息和统计数据共享，建立健全相关分析预警机制，强化对绿色金融资金运用的监督和评估。统一和完善有关监管规则和标准，强化对信息披露的要求，为形成共建生态文明、支持绿色金融发展营造良好氛围。

6.3.11　构建优化发展的新型化人才支撑体系

6.3.11.1　引进集聚高层次人才 / 团队

尽快出台落实"芙蓉人才行动计划"实施意见，把引进和集聚顶尖科研人才(团队)，作为新兴产业人才支撑战略的核心工作。培养、引进专业人才队伍，实施"一链一才"计划，围绕20个产业链形成20条人才链，重点打造长沙创新谷、株洲中国动力谷、湘潭智造谷等人才洼地。健全柔性引才机制，以"不求所有，但为所用"的引才思路，从国内外一线城市引进产业顶尖人才。健全顾问指导、短期兼职、候鸟服务、退休返聘、对口支援等引才方式，为产业链发展提供智力支持。打造顶尖人才交流平台，借鉴深圳人才研修院、青岛院士智谷模式，打造高层次的人才交流平台，吸引行业内最顶尖专家人才来湘学术交流、创业辅导及主题培训，提升人才创新创业能力。组织人才开展同行和跨界交流活动，促进人才与资本、企业对接，激发产业链创新活力。

6.3.11.2 大力建设产业优化升级的"智力库"

建立面向国内国际的产业优化升级的"智力库"，鼓励有条件的地方政府建立产业优化升级的地方"智力库"组织。一是盘活现有产业相关人才资源存量，促进高等院校、科研机构及企业等组织技术创新人才资源的优化配置，从中培养并选择核心骨干进入产业优化升级"智力库"。二是大力引进国外新技术开发及管理创新高级专门人才，优化人才结构。

6.3.11.3 建立专业化人才研究基地

(1)产业优化升级人才研究基地建设普及化。鼓励高校整合相关学科成立校内产业优化升级人才研究基地，面向人才的选拔、培养、薪酬、激励等加强基础性研究。

(2)重点支持相关高校、研究机构、企业联合成立产业优化升级人才研究基地，形成与产业结构调整布局相匹配的人才战略规划，推进人才政策和体制机制创新，建立人才价值构成要素及评价体系。

6.3.12 构建产业优化升级的制度化监管支撑体系

6.3.12.1 严格环境准入制度

(1)修订和完善高耗能、高排放和资源型行业准入条件，明确资源配置的具体要求及资源节约和污染物排放等指标，提高环境准入门槛。

(2)严格执行环境准入制度，有效防止我国东部发达地区和国外发达国家将落后产能向我国欠发达的中西部地区转移，避免落后地区走产业污染老路。

6.3.12.2　加强重点行业环境管理制度

(1)确定污染排放重点行业，针对重点行业建立国家及区域污染排放的信息化数据库。

(2)建立污染源的危害性分类分级筛选技术体系，构建典型行业污染排放优先控制名录清单。

6.3.12.3　严格执行环境影响评价制度

(1)合理构建评价指标体系及评价方法，以保证评价结果的准确性和实用性。

(2)推行环境风险等级制度管理，重点是建立并优化环境风险评估机构，环境风险评价常态化，及时建立相应的预警机制。

(3)引入社会大众、环境专家、环保组织、环境评价专业机构等第三方力量参与评价，保障评价的公正性、科学性。

6.3.12.4　完善污染源在线监控制度

(1)建立专门的信息中心统一管理制度。将各类监控中心纳入环保主管部门的信息中心，促进污染源监控数据的共享。

(2)积极吸纳社会公众、专业人员、环保组织参与在线监控。

6.4　本章小结

新兴产业代表区域产业发展的方向，具有创新性、高技术和市场前瞻性，但同时其发展过程充满不确定性和风险性。本章指出了新兴产业的发展作为湖南优化产业结构、实现优化升级发展的关键。重点阐述了湖南省工业新兴产业的发展现状，发展过程中存在创新能力、供需能力和支撑能力不足等问题，以及从多个方面提出了新兴产业优化升级发展的多条对策建议。

第7章 湖南省传统产业优化升级研究

基于地理位置和经济发展状况有可比性的原则，本章选取湖南省周边的六省一市作为比较对象，从固定资产投资状况、经济发展状况，以及有代表性的传统产业和新型产业等方面对投资结构进行了横向比较分析，以便吸取有价值的发展经验。

7.1 湖南省及周边省份投资结构概况

湖南省处于我国中部地区，与河南、山西、安徽、江西、湖北等九个省份同属于中部经济带，与湖北、重庆、贵州、广西、广东和江西相邻。本节将从多维度对比分析湖南产业发展的情况。

7.1.1 湖南省及周边省份固定资产投资及经济对比分析

近年来，湖南省委省政府高度重视发挥投资在稳增长、调结构、促改革、惠民生、防风险中的关键作用，加大项目建设，特别是抓大项目、好项目的力度，全省固定资产投资保持平稳增长的态势，投资结构也在进一步优化。固定资产投资是拉动湖南经济增长的主要动力，湖南省国民经济保持着较快发展的良好态势，固定资产投资从2010年的9 821亿元增至2017年的31 959亿元，地区生产总值从16 038亿元增至33 903亿元，增长111%。2018年，全省固定资产投资同比增长10%。以下将从地区生产总值、固定资产投资以及投资效果三个方面对比湖南和其他七个地区的发展状况。

7.1.1.1 地区生产总值增量对比

由表7.1可知，近几年来各地区生产总值增量轨迹相似，增量最高的高峰期间都在2011年，低谷期都在2015年，各省市地区生产总值增长率都出现过起伏，2017年的各地区增量都介于2010—2017年间的高峰和低谷的中间。各地区中每年的增量最小的是山西，增量最大的是河南，湖南的增量在大部分年份仅次于河南和湖北。

表 7.1　2010—2017年各地区生产总值增量（亿元）

地区	2010年	2011年	2012年	2013年	2014年	2015年	2016年	2017年
河南省	3 611.90	3 838.67	2 668.28	2 556.59	2 746.94	2 063.92	3 469.63	4 081.04
湖南省	2 978.27	3 631.60	2 484.67	2 347.47	2 415.65	1 864.89	2 649.16	2 351.59
山西省	1 842.55	2 036.69	875.28	489.37	96.24	5.00	283.92	2 478.01
安徽省	2 296.51	2 941.32	1 911.40	1 826.85	1 619.41	1 156.88	2 401.99	2 610.38
江西省	1 796.08	2 251.56	1 246.06	1 389.62	1 304.44	1 009.15	1 775.22	1 507.31
湖北省	3 006.51	3 664.65	2 618.19	2 418.05	2 587.39	2 170.97	3 115.19	2 812.71
重庆市	1 810.69	2 151.02	1 314.23	1 342.90	1 479.34	1 454.67	2 023.32	1 684.14
广西壮族自治区	1 395.57	2 085.79	1 398.23	1 247.10	3 867.74	−1 514.52	1 514.52	205.62

7.1.1.2 固定资产投资对比

由表7.2可知，2010—2017年中西部八省固定资产投资额度都在逐步增加。湖南省固定资产投资已经高于山西、江西、广西和重庆，与湖北、安徽的投资差额不大，基本上步调保持一致。但是湖南每年的固定资产投资与河南固定资产投资差额却在逐渐拉开，2010年差额为6 765亿元，2017年差额达到了

12 538亿元。此外，湖南省固定资产投资在2010—2017年之间增长幅度很大，翻了约3.25倍，为八省之首。

从湖南省地区生产总值增量变化趋势来看，固定资产投资对带动地区经济发展的效果是很明显的，对地区生产总值增量还是起了很大的推动作用。但是与其他省市的地区生产总值增量相比，湖南省地区生产总值增量处于中间的位置。总之，湖南省的固定资产投资与中西部其他七省相比，还有进一步优化上升的空间。

表 7.2　2010—2017 年各地区固定资产投资（亿元）

地区	2010 年	2011 年	2012 年	2013 年	2014 年	2015 年	2016 年	2017 年
河南省	16 585.85	17 768.95	21 450.00	26 087.46	30 782.17	35 660.35	40 415.09	44 496.93
湖南省	9 821.06	11 880.92	14 523.20	17 841.40	21 242.92	25 045.08	28 353.33	31 959.23
山西省	5 526.60	6 837.69	8 584.85	11 031.89	12 354.53	14 074.15	14 197.98	6 040.54
安徽省	11 849.43	12 455.69	15 425.80	18 621.90	21 875.58	24 385.97	27 033.38	29 275.06
江西省	8 772.27	9 087.60	10 774.20	12 850.25	15 079.26	17 388.13	19 694.21	22 085.34
湖北省	10 802.69	12 557.34	15 578.30	19 307.33	22 915.30	26 563.90	30 011.65	32 282.36
重庆市	7 859.07	10 160.45	12 635.22	10 435.24	12 285.42	14 353.24	16 048.10	17 537.05
广西壮族自治区	7 057.56	7 990.66	9 808.60	11 907.67	13 843.22	16 227.78	18 236.78	20 499.11

7.1.1.3　固定资产投资效果对比

由表7.3中的 GDP 增量除以固定资产投资额的投资效果系数可知，中部各地区的投资效果轨迹相似，各省最好的年份都是2010年和2011年，但是2012—2015年出现单位固定资产投资额对应的 GDP 增量递减效果。总体来讲，湖南近几年的投资效果居中，高于平均水平，波动幅度较少，比较平稳。而广西和山西省的投资效果系数波动幅度最大，2015年投资效果最差的地区是广西，而2017年投资效果最好的是山西。

表7.3　2010—2017年各地区固定资产投资效果系数

地区	2010年	2011年	2012年	2013年	2014年	2015年	2016年	2017年
河南省	0.22	0.22	0.12	0.10	0.09	0.06	0.09	0.09
湖南省	0.30	0.31	0.17	0.13	0.11	0.07	0.09	0.07
山西省	0.33	0.30	0.10	0.04	0.01	0.00	0.02	0.41
安徽省	0.19	0.24	0.12	0.10	0.07	0.05	0.09	0.09
江西省	0.20	0.25	0.12	0.11	0.09	0.06	0.09	0.07
湖北省	0.28	0.29	0.17	0.13	0.11	0.08	0.10	0.09
重庆市	0.23	0.21	0.10	0.13	0.12	0.10	0.13	0.10
广西壮族自治区	0.20	0.26	0.14	0.10	0.28	−0.09	0.08	0.01

7.1.2　湖南省及周边省份投资产业结构对比分析

湖南第一、二产业的发展状况相对比较稳定，而第三产业的发展较突出，2018年三季度第三产业投资保持10.1%的快速增长，固定资产投资占比为52.94%。以下将分别从第一、二、三产业对比湖南和其他七个地区的投资产业结构。

在比较分析的八个省市中，湖南第一产业的固定投资与产值基本位居第二，其固定资产的投资效果也仅次于河南。

湖南与湖北的第二产业发展水平相持，不相上下。两个省份与安徽相比，发展情况较为良好，安徽省对第二产业的投资较大，但产值并没有湖南和湖北乐观。但是湖南固定资产投资却低于安徽、湖北和江西，这说明湖南第二产业固定资产的投资效果相对较好。

就第三产业产值而言，湖南对第三产业的投资少于湖北省，但是产值一直略高于湖北省，发展较为良性。安徽对第三产业的投资一直与湖南、湖北相差不大，但是第三产业的产值却不大乐观，远远低于湖南、湖北两省。综上可知，湖南第三产业固定资产的投资效果相对较好。

7.1.3　湖南省及周边省份固定资产投资资金来源对比分析

固定资产投资来源中利用外资和自筹资金的多少，能较好地反映各省份经济的发展状况。因此本节将从利用外资和自筹资金两个方面对中西部八省市固定资产投资状况进行对比分析。

7.1.3.1　固定资产投资资金来源中自筹资金

湖南的自筹资金总体而言处于中游水平，与发展水平较为相似的湖北省相比，发展态势从 2010 年开始劣于湖北省，并且湖北省发展趋势上扬，湖南发展趋势下降趋于平缓，值得引起关注。江西省与湖南省的发展趋势较为相似，2011—2017 年之间自筹资金与湖南省相差不大，但 2015 年之后也出现增速放慢的趋势，因此湖南省的投资环境还有待于进一步提升。

7.1.3.2　固定资产投资资金来源中利用外资

从固定资产投资资金来源中利用外资来看，各省市在 2011—2017 年间均有一定波动，并且变化较为多样，但大多数省市利用外资总体情况呈上升趋势。湖南省的利用外资状况总体来讲较好，虽出现较大波动。

7.2　湖南省传统产业现状及发展趋势

采用灰色系统理论以及产业经济学相关理论，对近年来湖南省三次产业结构的现状进行分析，并基于现有的经济数据对未来湖南省产业发展趋势进行预测。根据分析结果，总结湖南省产业结构存在的问题，从而为制订合理的优化方案提供参考依据。

7.2.1　湖南省产业现状分析

本节首先阐述湖南省产业结构的现状分析思路，然后将应用所述理论分析湖南省三次产业以及产业内部行业的投入量与经济产出，衡量固定资产投资对湖南省经济发展的影响程度。

7.2.1.1　湖南省产业结构分析思路

湖南省产业结构现状分析思路是通过灰色系统理论中的灰色关联分析方法对湖南省三次产业之间以及各产业与地区生产总值、固定资产投资额进行关联度研究，从而充分了解并把握每个产业及内部行业的投资与湖南省经济发展的贡献。此外，根据产业经济学中的影响力系数和感应度系数对各产业部门的投资波及效应进行分析。由于2011年经济分类法的再次细化和变动，2011年以前与后续年份的行业划分存在明显差异，因此本书仅对2011—2018年湖南省的经济数据进行分析。

7.2.1.2　湖南省产业结构总体分析

对2011—2018年湖南省三次产业投资比例和投资关联度进行分析。

(1) 湖南省三次产业投资比例分析。根据2011—2018年湖南省全社会固定资产在三次产业投入的统计资料，对湖南省全社会固定资产在三次产业投资的比例进行分析。湖南省全社会固定资产总投资状况如图7.1所示。

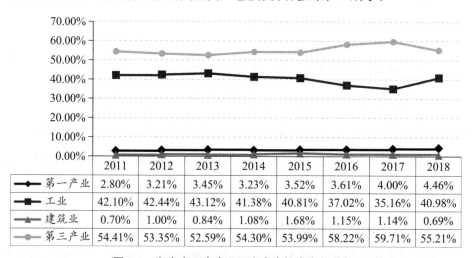

	2011	2012	2013	2014	2015	2016	2017	2018
第一产业	2.80%	3.21%	3.45%	3.23%	3.52%	3.61%	4.00%	4.46%
工业	42.10%	42.44%	43.12%	41.38%	40.81%	37.02%	35.16%	40.98%
建筑业	0.70%	1.00%	0.84%	1.08%	1.68%	1.15%	1.14%	0.69%
第三产业	54.41%	53.35%	52.59%	54.30%	53.99%	58.22%	59.71%	55.21%

图7.1　湖南省三次产业固定资产投资变化趋势

由图 7.1 可知，2011—2018 年湖南省第一产业投资所占比例一直较低，保持在 2.5%~3.6% 之间，2011 年投资最少，只有 2.52%；第二产业投资一直保持在较高的比例，保持在 36%~44% 之间；第三产业所占的比重最高，保持在 52% 以上。此外，2011—2018 年三次产业投资的比例结构发生了一定的变化，从 2011 年的 2.70∶36.77∶60.53 变化为 2018 年的 4.46∶40.64∶55.21。2017 年第一产业投资比例上升了 0.75%，第二产业投资所占的比例上升了 7.19%，第三产业投资所占的比例下降了 7.94%。从图 7.1 中的各产业投资比例的变化趋势可以看出，近几年，湖南省固定资产投资中，第一产业和第二产业中的建筑业固定投资占全社会固定资产总投资的比例比较稳定；第二产业中的工业固定资产投资占全社会固定资产总投资的比例有上升的趋势，这与湖南近年来实施制造强省战略密切相关；第三产业固定资产投资占全社会固定资产总投资的比例呈现下降的趋势。

(2) 湖南省产业结构与其投资关联度分析。分别建立参考序列和比较序列，其中以湖南省第一、二、三产业增加值和地区生产总值为参考序列，以各产业的投资和全省总投资为比较序列。利用灰色关联度理论与方法，计算出 2011—2018 年产值 (地区生产总值及三次产业增加值) 与投资 (总投资及三次产业投资) 的关联度 (结果见表 7.4)。

表 7.4　2011—2018 年地区生产总值及各产业增加值（单位：亿元）

年份	地区生产总值	第一产业增加值	第二产业增加值		第三产业增加值
			工业增加值	建筑业增加值	
2011	19 669.56	2 768.03	8 122.75	1 239.24	7 539.54
2012	22 154.23	3 004.21	9 138.50	1 367.92	8 643.60
2013	24 621.67	2 990.31	10 001.00	1 564.93	10 077.39
2014	27 037.32	3 148.75	10 749.88	1 744.86	11 406.51
2015	28 902.21	3 331.62	10 945.81	1 877.70	12 759.77

续表

年份	地区生产总值	第一产业增加值	第二产业增加值		第三产业增加值
			工业增加值	建筑业增加值	
2016	31 551.37	3 578.37	11 337.28	2 016.59	14 631.83
2017	33 902.96	2 998.40	11 879.94	2 278.65	16 759.07
2018	36 425.78	3083.59	11 903.70	2 549.8	18 888.65

资料来源：国家统计局官网和湖南省统计局官网。

表7.5　2011—2018年总投资及各产业投资额（单位：亿元）

年份	全社会固定资产投资额	第一产业投资额	第二产业投资额		第三产业投资额
			工业投资额	建筑业投资额	
2011	11 431.48	320.30	4 812.13	79.61	6 219.44
2012	14 576.61	468.09	6 185.67	146.18	7 776.67
2013	18 381.40	633.90	7 926.60	154.20	9 666.80
2014	21 950.80	710.00	9 083.10	238.10	11 919.60
2015	25 954.30	914.50	10 592.50	435.10	14 012.20
2016	27 688.50	1 000.80	10 249.10	318.70	16 119.90
2017	31 328.10	1 251.60	11 014.80	355.70	18 706.40
2018	34 460.91	1 535.71	13 765.27	239.03	19 024.41

资料来源：国家统计局官网。

表7.6　2011—2018年地区产值与投资的关联度

	地区生产总值	第一产业增加值	第二产业增加值	第三产业增加值	行和
总投资额	0.850 7	0.745 7	0.726 4	0.713 1	3.035 9
第一产业投资额	0.753 2	0.685 2	0.702 6	0.676 3	2.817 3
第二产业投资额	0.749 7	0.679 2	0.692 7	0.670 3	2.791 9
第三产业投资额	0.837 7	0.770 5	0.847	0.786 9	3.242 1
列和	3.191 3	2.880 6	2.968 7	2.846 6	

表7.6中数据表明了湖南省总投资及各产业投资对生产总值及各产业增加值的关联度。汇总各行数据显示总投资及单个产业投资对地区生产总值及各产业增加值的综合关联度，该综合关联数值越大，表明区域经济受固定资产投资的影响就越大。由表7.6可知，第三产业投资对第一、二、三产业增加值的综合关联度为3.242 1，该数值最大，表明第三产业投资对经济发展的影响就越显著。因此，可以通过进一步提升该产业投资规模来促进经济的更好、更快发展；其次为地区总投资，其综合关联度是3.035 9；排名最后的是第一产业投资，其综合关联度为2.817 3。因此，需要重点提升第三产业在湖南省经济发展中的贡献。

表7.6的数据说明了湖南省生产总值及各产业增加值对总投资及各产业投资的关联度。汇总各列数据表明地区生产总值及某个产业增加值对总投资及各个产业投资的综合关联度，该数值越小，表明可用较小的投资可获得满意的增加值，从而可说明该产业是区域经济发展中的优势产业。由表7.6可见，第三产业产值对各业投资的综合关联度为2.846 6，数值最小，说明湖南省第三产业对投资的依赖程度最小。相比于其他产业，第三产业单位投资额能够带动更大的经济增长。第二产业增加值对各业投资的综合关联度为3.191 3，数值最大，说明湖南省总体经济对投资的依赖性较大，需对产业结构做进一步调整和优化。

在某个产业投资对其他产业增加值的交叉关联中，第一产业投资对第二、三产业增加值的交叉关联度最大，说明湖南省第一产业的发展与第二、三产业的发展密切相关，第一产业的发展能够带动对第二、三产业的发展。第一产业作为基础产业为其他产业提供原料支撑，也是经济发展的潜在因素。

7.2.1.3　湖南省各产业内部关联度分析

采用2011年以后的新经济产业分类方法，运用灰色关联度分析方法处理2011—2017年湖南省的经济数据，通过计算得到第一、第二和第三产业内部关联度并进行分析。

(1)第一产业内部关联度。选用2011—2017年湖南省农、林、牧、渔业增加值作为第一产业所需的研究数据，如表7.7所示。

表7.7 2011—2017年湖南省第一产业增加值（单位：亿元）

年份	农业增加值	林业增加值	牧业增加值	渔业增加值	第一产业总产值
2011	2 471.67	241.20	782.00	285.70	3 690.00
2012	2 651.70	237.80	805.40	258.60	3 578.40
2013	1 909.60	234.60	727.80	238.80	3 331.60
2014	2 020.30	225.50	682.40	220.60	3 148.80
2015	2 130.40	212.80	666.20	201.70	3 099.20
2016	2 276.60	260.00	1 488.60	279.90	3 004.20
2017	2 381.00	239.11	1 425.60	255.04	2 733.66

数据来源：国家统计局官网。

计算2011—2017年湖南省第一产业内部的灰色关联度时，以第一产业总产值作为参考序列，以农业增加值、林业增加值、牧业增加值和渔业增加值作为对应的比较序列，分别计算出2011—2017年不同时间段所对应的湖南省第一产业内部的灰色关联系数以及关联度，计算结果如表7.8所示。

表7.8 2011—2017年湖南省第一产业内部关联度

时期	农业	林业	牧业	渔业
2011—2017	0.776 8	0.683 5	0.531 4	0.601 1
2012—2017	0.711 1	0.563 1	0.570 2	0.614 9
2013—2017	0.647 5	0.879 5	0.512 1	0.694 8
2014—2017	0.724 0	0.534 6	0.649 1	0.736 5
2015—2017	0.920 1	0.702 1	0.697 2	0.560 0
2016—2017	0.819 1	0.956 4	0.666 7	0.813 4

从表7.8可以清楚地看出，2011—2017年间，湖南省第一产业总产值与其内部农业增加值的关联度最高，达到0.776 8，其次是林业，而渔业和牧业的关联程度相对较低。从动态变化分析，虽然第一产业总产值与农业、林业、牧业和渔业四个行业的关联度一直在变化，但整体上第一产业总产值与农业的关联度较大，说明湖南省的农业对第一产业总产值的影响相对较大。其他三个行业对第一产业总产值的影响相对较弱，但在2016—2017年间，第一产业总产值与林业的关联度达到0.9564，超过第一产业总产值与农业之间的关联度，说明林业开始成为影响第一产业总产值较大的行业。第一产业总产值与牧业一直保持相对较低的关联度，说明牧业在湖南省第一产业中属于发展不足的行业。

(2)第二产业内部关联度。选用2011—2017年湖南省工业和建筑业两大行业的增加值作为第二产业所需的研究数据，如表7.9所示。

表 7.9　2011—2017 年湖南省第二产业增加值（单位：亿元）

年份	工业增加值	建筑业增加值	第二产业总产值
2011	8 122.75	1 239.24	9 361.99
2012	9 138.50	1 367.92	10 506.42
2013	10 001.00	1 564.93	11 565.93
2014	10 749.88	1 744.86	12 494.74
2015	10 945.81	1 877.70	12 823.51
2016	11 337.28	2 016.59	13 353.87
2017	11 879.94	2 278.65	14 158.59

数据来源：国家统计局官网。

计算2011—2017年湖南省第二产业内部的灰色关联度时，以第二产业总产值作为参考序列，以工业增加值和建筑业增加值作为对应的比较序列，分别计算出2011—2017年不同的时间段所对应的湖南省第二产业内部的灰色关联系数以及关联度，结果如表7.10所示。

表 7.10　2011—2017 年湖南省第二产业内部关联度

时期	工业	建筑业	时期	工业	建筑业
2011—2017	0.889 1	0.630 0	2014—2017	0.849 6	0.576 2
2012—2017	0.860 3	0.555 3	2015—2017	0.853 7	0.581 3
2013—2017	0.912 0	0.702 7	2016—2017	0.883 1	0.666 7

从表7.10可以看出，2011—2017年间不同时期，湖南省第二产业总产值与其内部工业的关联度均大于0.8且高于同时期的建筑业，其中2013—2017年间第二产业总产值与工业增加值的关联度为0.912 0，达到最大值。这说明工业对第二产业总产值的影响明显高于建筑业对第二产业的影响，这也说明了湖南省经济结构中工业是第二产业中较为重要的行业。

(3)第三产业内部关联度。由于在统计数据时无法将第三产业中的所有行业进行计算，所以选用其中比较重要且具有代表性的房地产业、交通运输仓储和邮政业、金融业、批发和零售业以及住宿和餐饮业的数据进行分析。2011—2017年湖南省第三产业以及所选取的五个行业的增加值如表7.11所示。

表 7.11　2011—2017 年湖南省第三产业增加值

年份	房地产业增加值	交通运输、仓储和邮政业增加值	金融业增加值	批发和零售业增加值	住宿和餐饮业增加值	第三产业总产值
2011	518.04	948.82	501.09	1 662.34	406.87	7 539.54
2012	568.52	1 077.65	579.76	1 849.04	460.70	8 643.60
2013	642.19	1 172.31	758.90	2 031.81	501.67	10 077.39
2014	673.38	1 257.64	950.04	2 211.82	545.69	11 406.51
2015	751.81	1 291.03	1 104.18	2 323.67	603.77	12 759.77
2016	879.62	1 356.56	1 272.71	2 487.80	666.12	14 631.83
2017	1 019.35	1 496.01	1 610.31	2 666.71	705.38	16 759.07

数据来源：国家统计局官网。

　　计算2011—2017年湖南省第三产业内部的灰色关联度时，以第三产业总产值作为参考序列，以所选取的五个行业的增加值作为对应的比较序列，采用灰色关联度方法，分别计算出2011—2017年不同的时间段所对应的湖南省第三产业内部的灰色关联系数及关联度，计算结果如表7.12所示。

表 7.12　2011—2017 年湖南省第三产业内部关联度

时期	房地产业	交通运输、仓储和邮政业	金融业	批发和零售业	住宿和餐饮业
2011—2017	0.666 2	0.783 6	0.625 4	0.587 3	0.683 7
2012—2017	0.603 5	0.892 8	0.561 1	0.534 3	0.719 9
2013—2017	0.561 4	0.709 1	0.820 6	0.911 2	0.791 2
2014—2017	0.657 8	0.795 3	0.622 7	0.797 6	0.738 0
2015—2017	0.609 1	0.705 8	0.593 3	0.739 2	0.722 7
2016—2017	0.666 7	0.848 4	0.849 4	0.708 9	0.817 1

　　从表7.12可以看出，在2011—2017年间，湖南省第三产业总产值与其内部的交通运输、仓储和邮政业的关联度波动最小并且总体上高于其他行业，其次是住宿和餐饮业，最后是金融业。从动态变化上看，第三产业总产值与交通运输、仓储和邮政业的关联度保持在0.7以上，说明交通运输、仓储和邮政业对第三产业总产值的影响一直较稳定。2013—2017年间第三产业总产值与批发和零售业的关联度为0.911 2，高于同时期的其他行业，而2012—2017年间的关联度为0.534 3，低于同时期的其他行业，说明批发和零售业对第三产业总产值的影响波动较大。第三产业总产值与房地产业的关联度呈现下降的趋势，说明房地产业增加值对第三产业总产值的影响有所减弱，但仍在第三产业中占有比较重的分量。2016—2017年间，第三产业总产值与金融业的关联度达到0.849 4，高于同时期的其他行业，说明金融业开始成为影响湖南省第三产总产值较大的行业。

7.2.1.4 湖南省各产业部门投资的波及效应分析

各产业部门的投资对整个国民经济做出了整体的贡献，而且它们之间也发生着相互波及的关系。由于投资结构和投资方向的不同，由投资带来的各产业经济的增长也是不同的。生产过程中投入产出关联的变化对产出结构产生的影响，可以通过投入产出表计算出来的影响力系数、感应度系数来反映。因此，本节通过分析各产业部门投资的波及效应，揭示各个部门之间的相互依赖程度，从而为确定固定资产产业结构提供参考依据。

根据湖南 139 个部门投入产出系数表，2017 年影响力系数大于 1（关联程度超过社会平均水平）的部门主要集中在制造业，有 72 个制造业部门，此外还有 2 个非制造业工业部门、4 个建筑业部门、4 个第三产业部门，共 82 个部门。这些部门的影响力系数大，其发展对其他部门的带动作用大。影响力系数排名情况如表 7.13 所示。

表 7.13 影响力系数排在前 20 位的部门

排序	投入产出部门	影响力系数	排序	投入产出部门	影响力系数
1	精炼石油和核燃料加工品	1.670 7	11	房屋建筑	1.233 3
2	合成材料	1.274	12	土木工程建筑	1.230 8
3	塑料制品	1.252 8	13	肥料	1.226 9
4	橡胶制品	1.250 7	14	电机	1.213 7
5	农药	1.249 1	15	基础化学原料	1.210 9
6	输配电及控制设备	1.247 5	16	涂料、油墨、颜料及类似产品	1.206
7	管道运输	1.247 1	17	乳制品	1.203 3
8	屠宰及肉类加工品	1.244 3	18	砖瓦、石材等建筑材料	1.191 6
9	钢压延产品	1.236 4	19	采矿、冶金、建筑专用设备	1.190 8
10	泵、阀门、压缩机及类似机械	1.236	20	其他电气机械和器材	1.185 8

2017 年湖南省感应度系数大于 1（关联程度高于社会平均水平）的部门有 35 个。这些部门包括 21 个制造业部门、3 个非制造业工业部门、农业、林业和 9

个第三产业部门。在经济快速发展期,感应度系数高的部门的生产能力上限能否满足国民经济发展的需求应特别关注。感应度系数排名情况如表7.14所示。

表 7.14　感应度系数排在前 20 位的部门

排序	投入产出部门	感应度系数
1	精炼石油和核燃料加工品	8.304 5
2	批发和零售	7.310 3
3	煤炭采选产品	6.723 7
4	电力、热力生产和供应	4.352 6
5	农产品	3.480 8
6	基础化学原料	3.472 1
7	道路运输	3.062 9
8	钢压延产品	2.843 8
9	黑色金属矿采选产品	2.292 5
10	有色金属及其合金和铸件	2.021 1
11	塑料制品	1.990 9
12	商务服务	1.975 9
13	造纸和纸制品	1.914 7
14	货币金融和其他金融服务	1.705 7
15	电子元器件	1.634 1
16	专用化学产品和炸药、火工、焰火产品	1.552
17	木材加工品和木、竹、藤、棕、草制品	1.467 6
18	非金属矿采选产品	1.361 6
19	金属制品	1.344 6
20	合成材料	1.339 2

产业经济学相关理论指出,某部门的影响力和感应度系数愈大,与整个经济的融合程度就愈深,一般把影响力和感应度系数都大于1的部门称之为关键部门。关键部门必须具备的另一个要素是产出规模大,是经济发展的主导产

业。根据湖南省139个部门投入产出系数表，有11个产业部门可被评价为主导产业，这11个产品部门是：采矿冶金建筑专用设备、其他通用设备、钢压延产品、基础化学原料、精炼石油和核燃料加工品、有色金属及其合金和铸件、造纸和纸制品、专用化学产品和炸药火工焰火产品、木材加工品和木竹藤棕草制品、金属制品、电力热力生产和供应。这些部门的产出规模大，占全社会总产出的比重都在1%以上，影响力和感应度系数都大于1，关联效应强。这些部门中有10个在制造业，可见制造业依然是湖南省经济发展的关键和主导，尤其是采矿冶金建筑专用设备、有色金属及其合金和铸件、专用化学产品和炸药火工焰火产品，占全社会总产出的比重分别达到4.4%、3.2%和2.1%，在湖南省经济中占有较高的比重。2017年精炼石油和核燃料加工业的影响力和感应度系数比2012年有较大幅度的提高，显示精炼石油和核燃料加工业对湖南省经济发展的促进和制约作用明显增强。

总体来说，湖南省第二、三产业是拉动经济增长的重要部分。改革开放后，在邓小平"科技是第一生产力"的号召下，全国上下齐心协力发展制造业和建筑业，尤其是第三产业中的高新技术产业得到了足够的重视。湖南省也不例外，加入经济建设的大军中。尤其是当计算机等先进高新技术引入湖南后，湖南省的第三产业得到了快速发展，为地区生产总值做出了较大贡献。但与此同时，环境问题开始引起人们的重视，为了减轻环境污染，湖南省开始控制工厂数量，并对已有工厂进行结构调整。尽管第三产业得到了进一步重视和发展，但是第三产业里还没有形成很多强势产业和企业，还不能持续地引领经济的前进和整个产业的发展，所以第三产业还有很大的发展潜力。

7.2.2 湖南省产业发展趋势分析

根据2011—2018年湖南省三次产业增加值以及固定资产投资额的变动情况，应用预测模型对湖南省的产业增加值和固定资产投资额进行预测。

7.2.2.1 湖南省产业结构趋势预测模型

湖南省产业结构是具有代表性的多层次复杂结构，并且具有清晰可见的模糊性。通过对相关研究成果进行研究和筛选，选定优化组合灰预测模型 OCGM(1, 1) 作为产业结构发展趋势分析的模型，分别对湖南省三次产业增加值及固定资产投资额进行预测。

7.2.2.2 湖南省三次产业增加值趋势分析

基于 OCGM(1, 1) 模型，采用2011—2018年湖南省三次产业增加值对2019—2023年三次产业增加值进行预测。预测结果如表7.15所示。

表 7.15　2019—2023 年湖南省三次产业预测增加值（单位：亿元）

年份	地区生产总值	第一产业增加值	第二产业增加值		第三产业增加值
			工业增加值	建筑业增加值	
2019	42 299.04	4 589.75	18 420.99	2 645.87	16 642.43
2020	49 951.62	5 139.84	22 078.31	3 119.49	19 613.78
2021	59 011.62	5 755.87	26 461.76	3 677.89	23 116.10
2022	69 741.01	6 445.73	31 715.50	4 336.24	27 243.54
2023	82 450.99	7 218.27	38 012.32	5 112.45	32 107.95

由图7.2可知，湖南省三次产业增加值的比例预计会从2019年的10.85：49.81：39.34变化为2023年的8.76：52.30：38.94。第一产业增加值所占的比例下降了2.09%，第二产业增加值所占的比例上升了2.49%，第三产业增加值所占的比例下降了0.40%。前已指出，第一产业增加值对湖南省地区生产总值的贡献呈现缓慢的下降趋势，而第二产业中工业增加值对湖南省地区生产总值的贡献呈现较为明显的上升趋势，第二产业中的建筑业和第三产业增加值所占的比例变化较为平稳。第一产业对湖南省经济发展的贡献减弱而第二产业依然是拉动湖南省经济发展的主要产业。

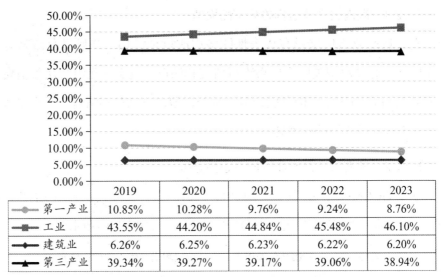

	2019	2020	2021	2022	2023
第一产业	10.85%	10.28%	9.76%	9.24%	8.76%
工业	43.55%	44.20%	44.84%	45.48%	46.10%
建筑业	6.26%	6.25%	6.23%	6.22%	6.20%
第三产业	39.34%	39.27%	39.17%	39.06%	38.94%

图 7.2　2019—2023 年湖南省三次产业增加值的比例变化趋势

7.2.2.3　湖南省三次产业固定资产投资额趋势分析

基于 OCGM(1, 1) 模型，采用2011—2018 年湖南省三次产业投资额对2019—2023 年三次产业投资额进行预测，其预测结果如表7.16所示。

表 7.16　2019—2023 年湖南省三次产业预测投资额（单位：亿元）

年份	全社会固定资产投资额	第一产业投资额	第二产业投资额		第三产业投资额
			工业投资额	建筑业投资额	
2019	37 947.20	1 419.08	17 606.99	252.46	18 668.67
2020	48 008.53	1 848.53	22 735.75	291.44	23 132.81
2021	60 767.29	2 407.94	29 358.46	336.44	28 664.45
2022	76 954.14	3 136.63	37 910.30	388.38	35 518.83
2023	97 499.67	4 085.85	48 953.22	448.34	44 012.26

由表7.16可计算出2019—2023 年湖南省三次产业固定资产投资额的结构比例，并得到各产业投资额的比例变化趋势，如图7.3所示。

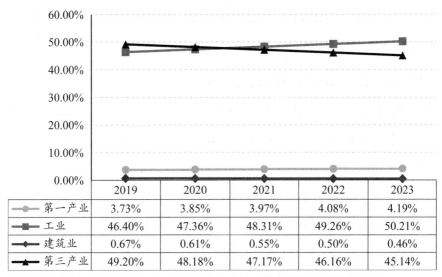

	2019	2020	2021	2022	2023
第一产业	3.73%	3.85%	3.97%	4.08%	4.19%
工业	46.40%	47.36%	48.31%	49.26%	50.21%
建筑业	0.67%	0.61%	0.55%	0.50%	0.46%
第三产业	49.20%	48.18%	47.17%	46.16%	45.14%

图 7.3　2019—2023 年湖南省三次产业投资额的比例变化趋势

从图7.3中各产业投资额所占的比例可知，2019—2023 年间湖南省三次产业的投资额比例预计会从2019年的3.73∶47.07∶49.20，变化为2023年的4.19∶50.67∶45.14。第一产业投资额所占的比例上升了0.46%，第二产业投资额所占比例上升了3.60%，第三产业占据的比例下降了4.06%。从图7.3中各产业投资额所占比例的变化趋势可以看出，2019—2023 年湖南省三次产业结构中的第一产业和第二产业中的建筑业投资额所占的比例变化比较平稳，而第二产业中的工业呈现增长的趋势，第三产业投资额所占的比例呈现下降的趋势。表7.16中 OCGM(1, 1) 的灰色预测的结果表明，2019—2023 年湖南省三次产业的投资额将保持平稳增长。

7.2.3　湖南省产业发展的优势及存在的问题

湖南省推进开放崛起战略实施，其工业作为经济增长的引擎逐渐向新型工业化方向发展，逐渐由农业大省向工业强省转变，尤其是重点发展智能制造，实现经济社会的可持续发展。但是，在对湖南省三次产业投资现状及发展趋势的分析中可以发现不同产业及细分行业的投资变化对地区总产值的贡献呈现差异，因此基于湖南省战略发展要求、国内外经济形势以及上述分析结果，本节将进一步阐述湖南省产业结构发展的优势及存在的问题。

7.2.3.1 湖南省产业结构发展的优势

湖南省作为我国中南地区的大省处于南方的中枢地带，往南连接华南经济圈，往北连接长江产业带。在中部崛起和泛珠江三角洲建设背景的带动下，湖南省越来越显现出其经济区位优势。湖南资源丰富，物产富饶，被称为"鱼米之乡"、"非金属之乡"和"旅游胜地"等美誉。此外，湖南省生态资源非常丰富，具有鲜明的地域特色。

(1)投资方向的变化。湖南省一年四季分明、阳光充沛，境内拥有湘江、洞庭湖等淡水资源丰富的江河湖泊，森林覆盖率达到57%。适宜的气候环境以及优越的地理条件为第一产业发展创造了优良的发展机会。林业逐渐代替农业成为拉动第一产业产值的重要行业，投资开始向林业进行偏移。另外，湖南省人口基数大，有着丰富的劳动力资源，这也为湖南省的发展带来了巨大优势。

(2)原材料储量丰富。湖南省一直致力于投资第二产业，在湖南省的投资结构中一直占据较重比例，这与湖南省拥有丰富的原材料有着莫大的关系，其中已探明铀矿储量2.6万吨，居全国第三。石煤基础储量107亿吨，占全国探明储量的30%。除此之外，新能源原材料储量也十分可观，煤层气、生物秸秆、太阳能等资源丰富。新能源汽车电池原材料供应在全国都具备一定优势。此外，湖南省拥有种类丰富的有色资源与非金属资源储量，相关的有色金属加工技术也比较成熟。在对第二产业进行投资时，投资方可减少部分原材料运输成本。此外，在工业生产方面，湖南省以三一重工、中联等国内知名装备制造企业为龙头企业带动了相关配套企业快速发展，生产成本也大大降低，因此投资成本较低。

(3)拥有成熟的领先产业。在对第三产业投资时，湖南省的教育、文化艺术以及广播电视电影业是一大切入点，因其在全国发展的速度处于领先地位，具备一定的影响力。此外，依靠卓越的地理优势及文化沉淀，湖南省的旅游业也较为成熟，湖南省境内拥有衡山、张家界等自然风光，湘西民族文化旅游区以及韶山毛泽东故居等红色旅游区。丰富且具备地域特色的旅游资源每年吸引了大量的游客，期间带动了当地餐饮、住宿等行业的经济增长。

在对优势产业进行投资的同时，湖南省致力于投资开发新的产业，成立了推进现代物流业发展的工作领导小组，对现代物流业等生产性服务业予以重点扶持。湖南省工商企业更加重视内部物流管理，物流专业化程度不断提高，第三方物流企业不断发展。一大批物流企业从专业市场入手，努力做专、做大、做精，出现了一批专业特色鲜明、竞争力较强的物流企业。

(4)逐渐活跃的市场。金融业已逐步成为第三产业投资重点，说明金融业对第三产业的投资拉动效果逐渐明显。同时，金融业的活跃又可以带动投资市场的活跃，这对于湖南省以后的发展有着良好的帮助作用。

7.2.3.2　湖南省产业结构存在的问题

(1)投资基础薄弱。湖南省作为中部地区的农业大省，农业的发展和产业的结构依然存在诸多不足：一是农民收入水平低，改造传统农业的积极性有限；二是农业集约化程度低，转变农业发展方式难度大；三是农业基础设施薄弱，防灾能力不足，农业综合生产能力受制约；四是农村人才欠缺，农业发展缺乏人力资本支撑，大量劳动力的流失造成湖南省农业发展缓慢的尴尬局面；五是农业社会化服务滞后，农业支持保护体系不健全。

(2)投资行业结构不够合理。湖南省第二产业尤其是工业存在"大"而不"强"的现象，参与国内和国际的竞争力还亟待提高。一是科技含量高的工业企业比重偏低，虽然湖南省科技技术含量高、加工程度高的工业企业成长迅速，但总体比重仍然偏低，尤其是通信设备、计算机及其他电子设备行业。二是重工业和高能耗行业比重偏高。三是大型龙头企业偏少。四是产业创新支撑体系仍不完善，湖南省科技创新人才总量较多，科技成果丰富，但支撑科研成果转化的体系仍不完善。五是资源性原料短缺，战略性资源的缺乏，很大程度上制约了湖南省的经济发展。

(3)新兴产业投资较少。湖南省第三产业中的服务业占比低，其内部结构还需进一步的调整与完善。与其他省份相比，湖南省第三产业增加值在地区生产总值中所占的比重偏低。在第三产业内部结构中，湖南省主要以发展传统的商业和交通运输业为主，而信息、科技、咨询和金融等新兴产业发展较为落后。

总之，目前湖南省产业结构的不足主要体现在四个方面：与中部其他省份的竞争力优势不明显、产业投资的财力不足、高技术水平相对落后、相关支撑政策的缺陷。这些不足将会对湖南省产业结构造成很大的影响。中部省份产业发展在某些行业与湖南省竞争，将会直接影响湖南省产业结构优化发展以及对湖南省的经济发展产生影响。财力的不足直接影响产业投资的规模、质量以及方向。由于财力的有限，湖南省投资往往侧重于传统行业，造成高新产业投资的缺乏。最后，政府和企业的投资往往是根据相关政策进行投资，产业的方向往往是以政府政策作为导向，一旦政府政策有缺陷，将会直接影响产业结构的优化。

7.3 湖南省传统产业优化升级发展对策

根据湖南省产业结构的相关分析结果，并结合湖南省的实际情况和战略发展目标，突出绿色发展理念，制定"十三五"期间湖南省产业结构优化目标及思路，以及第一、第二和第三产业的投资优化方案。通过调整投资结构影响产业结构，加大绿色产业发展比重，进而使湖南省的经济结构趋于更加合理。

7.3.1　湖南省传统产业优化升级的目标及思路

争取在"十三五"期间，湖南省三次产业产值对地区总产值的贡献比例力争达到9：52：39左右。与此同时，三次产业固定资产投资额的比例达到4：51：45左右。对于第一产业，湖南省结合现代农业发展的宏观形势与现实基础，完成特色鲜明、优质高效、生态环保、辐射周边、惠及"三农"的现代农业体系建设。具体目标是：农业结构进一步优化，效益进一步提高；农业产业化经营进一步深入，农业支持保障体系进一步健全；农业可持续发展能力进一步增强。

对于第二产业，湖南省全部工业实现总产值达到3.5万亿元，年均增长18%以上；工业增加值占地区总产值的比例超过45%。具体目标是：首先，优化产业结构，到2020年进一步优化"两型"工业结构，重点培育发展高新技术产业和战略性新兴产业；其次，突出科技创新，依靠体制创新和加大投入，建成以企业为主体的科技创新体系和产学研联盟研究平台，推动湖南省新型工业化走上科技创新驱动发展的轨道；最后，强化低碳环保，建立较完善的低碳发展和节能环保法规保障体系、政策支撑体系、技术创新体系和激励约束机制，建成若干符合"两型"社会要求的低碳经济示范区和生态工业园区。

对于第三产业，湖南省第三产业产值力争达到2万亿元，年均增长15%以上；第三产业增加值占地区总产值的比例超过39%。具体目标是：首先，第三产业发展环境更加优化；其次，市场开发更显成就，产业效益更加合理；最后，产业体系更趋合理并形成具有湖南特色的产业体系。

近年来，湖南省经济得到了快速的发展，湖南省产业结构也在进行不断的优化，目前湖南省产业结构优化的主要目标有：一是通过现有的统计数据，对现有的第一、二、三产业及子产业的投资效果进行比较，从中找出投资效益高、贡献值大且环保效果好的一系列产业，重点引导和发展这一系列产业，使得这一系列产业成为经济发展的引擎，并带动其他产业的快速发展。二是产业结构应该与现行国家产业结构发展动态方向保持一致，全力提高劳动生产效率，加快经济的发展方式从粗放型为主向集约型为主的转变，促进产业结构的升级与优化。三是能够充分地吸收外资和民间投资，募集大量的资金。在资金得到保障的情况下，各相关产业项目能够顺利实施。坚持绿色发展为指引，通过优化全省三产结构，促进传统产业升级、新兴优势产业培育，加快建立以现代农业为基础、先进制造业为支柱、战略性新兴产业为引领、现代服务业为主导的现代产业体系。

7.3.2　湖南省第一产业优化升级举措

湖南省作为农业大省，农业对工业发展提供了大量的原材料，促进经济快速发展。对第一产业投资结构的优化，应当立足建设农业强省，使农业从大到强跨越成为现实。

7.3.2.1　以优化现代农业发展环境为核心，加强农业基础设施建设

一是加强对现有水利设施的维护，建设一批防洪、治涝重点水利工程，做好大型灌区节水和续建工程、丘陵区微集水工程、水土保持、拦沙坝、小型水利工程。二是以"六小工程"建设为重点，进一步加强农村小型水利基础设施的建设。

7.3.2.2　以提升传统产业为基础，完善现代农业服务体系

一是依托湖南优质稻米产业，进一步扩大优质稻米生产规模，加大优质稻米加工和销售力度。二是通过"双低"油料产业转型，加快特色品种集中连片种植。三是加强湖南水果产业建设，提高果品质量，加快产品改革步伐，大力推广先进的管理技术。

7.3.2.3　以推广农业科技为主攻方向，完善现代农业服务体系

一是建立和完善农业科技服务体系，推进农业常规技术升级战略，加强

农业高新技术的研究和开发，增加农业科技创新投入，加大农业科技推广力度。二是建立现代农业信息服务体系，依托"农村远程教育工程"和"农业信息中心"，提供良好、便捷、高效的科技技能培训、政策法规、灾害预防、气象服务、劳动力需求等信息服务。三是建立和完善农村流通服务体系，支持农村流通基础设施建设和物流企业的发展，逐步建立产销融合、国内国际市场一体化的农产品流通体系。四是建立农村金融服务体系，积极鼓励金融机构扩大对农民和中小农村企业的金融支持。

7.3.2.4　以提升农业现代装备水平为前提，推进农业机械化

一是抢抓机遇，全面推进农业机械化，加强对农业机械化的支持，逐步建立以财政资金为导向，以农民和农业经营服务组织投资为主体，社会投资为补充的多元化农业机械化投资机制。二是不断完善机制，促进农业发展，不断提高农业机械的社会化水平。三是以培养农业农机人才和典型为主要手段，通过培育、示范和引导，大力推广和普及农业机械新技术。四是加强农业机械化技术推广，鼓励发展节约型农业机械，大力推广环保型的机械化技术，促进农业绿色可持续发展。

7.3.3　湖南省第二产业优化升级举措

湖南省第二产业的发展重在调整，以现代工业发展为主体大力推进"四化两型"战略，增强湖南省工业经济整体实力和国际竞争力。其次，加快湖南省由农业大省向工业强省的转变，以实现经济社会的可持续健康发展。

7.3.3.1　大力改造提升传统产业

一方面，通过以信息化为改造手段，提升钢铁、有色金属、石化、食品、轻工、建材、纺织等传统产业，积极推广运用高新技术和先进使用的技术、工艺、设备，加大技术改造力度。另一方面，强化清洁生产和节能减排，大力发展高附加值精深加工产品，加快产业结构调整升级步伐，提高湖南省传统产业

的整体水平和竞争力。

7.3.3.2 培育壮大战略性新兴产业

一方面，通过强化自主创新和技术人才引进，扶持具有自主知识产权、有市场需求的成果产业化和规模化。另一方面，重点培育壮大先进装备制造、新材料、新能源、节能环保、3D 打印、生物医药、航空航天等战略性新兴产业。通过以上战略调整，推动湖南省经济发展方式转变和产业结构优化升级，加快湖南省新型工业化和"两型社会"建设进程。

7.3.3.3 着力打造特色产业集群

按照"产业集聚、布局集中、用地集约、生态环保"的原则，以现有传统产业为基础，大力发展特色产业集群和工业园区，实施"区域经济"模式，实现共享共建。首先，可以发挥核心企业龙头带动作用，支持三一集团、中联重科、华菱集团等集群核心企业采取兼并重组、战略合作、技术外包、外地建厂等多种方式延伸产业链条。其次，可以鼓励中小企业围绕核心企业紧密配套合作。通过突出重大项目、公共服务平台、知名产品品牌和区域品牌建设，促进产业、技术、人才和服务向优势园区集聚，壮大产业集群规模效应。通过努力，将长沙工程机械、株洲(湘潭)轨道交通、长沙(株洲)汽车及零部件、湘潭宽厚板优质高线及加工、娄底薄板及加工、株洲铅锌硬质合金及深加工、郴州希贵金属冶炼及加工、岳阳石油化工、长沙生物医药、长沙新材料、长沙(湘潭)新能源等特色产业集群培育成千亿产业集群。着力扶持长沙高新区迈进全国高新区十强，增强产业抗风险能力，构建湖南省产业竞争高地。

7.3.4 湖南省第三产业优化升级举措

湖南应加大第三产业的发展力度，支持新兴产业的发展。围绕"四化两型"和"三个强省"战略的实施，实行"弯道超车"发展模式，重点加强现代物流业和特色旅游文化产业发展。关于湖南省旅游文化产业结构优化的方案，主要涉及优化旅游文化产业布局、调整文化产业结构、培育骨干文化企业方面。

7.3.4.1　加强物流基础设施建设

一是对湖南重点物流园区进行科学合理规划，根据物流园区应分布于货运集散地、多种运输方式的衔接点或联运中转点、邻近生产企业或消费地的原则，并结合区域城市发展规划和土地利用的要点，建设好省级物流园区。物流园区可采用各市州共建共享模式。二是进一步完善物流基础设施建设，有序推进高铁城铁、"五纵七横"高速公路网、农村公路及石油、天然气管道的建设。三是加大对重点物流节点配套建设的投资力度，加强政府对物流园区、物流中心等的协调和政策指导，优先解决用地问题。对列入规划的重点物流基础设施项目以贴息或补助等形式给予资金支持，发挥政府资金的引导作用。

7.3.4.2　建立健全和完善现代物流体系

一是加快物流信息平台建设，依据"市场运作、企业主导、政府支持"的原则，开发大宗商品交易平台与综合运输信息平台，以此为突破口，进一步优化物流信息基础设施。二是大力开拓专业化物流，积极打造多种农业物流模式，如粮食物流、果蔬物流和冷藏物流等，不断完善现代农业物流服务体系。鼓励中小制造企业根据专业分工协同的原则，主动剥离或外包物流功能，充分利用供应链管理和信息技术，实现物流资源的整合发展。三是推动相关重点领域物流的发展，加强大宗原燃料和工业品(如煤炭、矿石、钢铁等)的专业化物流设施的建设；鼓励物流企业开展节能减排，积极发展逆向物流，如回收物流和废弃物流，实现资源节约与循环利用，快速提升绿色物流、循环型物流的发展水平。

7.3.4.3　优化旅游文化产业布局

整合湖南区域内的旅游资源，优化旅游文化产业布局，继续打造三大文化产业带，构建湖南"品"字形的文化产业发展格局，推动区域文化协同发展。

重点支持京广沿线人文产业带、大湘南历史文化产业带、大湘西旅游文化产业带的建设。一是挖掘湖南丰富的历史文化资源，开发利用好以炎帝陵等为代表的中华始祖文化，以南岳、岳麓山及名刹古院为代表的宗教文化，以湘绣、红瓷等为代表的工艺文化，以毛泽东、刘少奇等伟人为代表的红色文化，以张家界、武陵源、猛洞河等为代表的自然风光旅游。二是突出抓好具有民族特色的产品开发，如土家织锦、篾器和苗族银器、蜡染扎染服饰等。

7.3.4.4 优化文化产业结构

一是大力壮大文化产业新业态，充分利用先进通信技术，整合技术平台和内容资源，如推进红网、拓维信息等技术平台和广电、出版、动漫等内容资源的高效融合。二是加速发展移动多媒体、网络广播影视、广播电视、数字多媒体广播、手机广播电视。三是发展移动文化信息服务、数字娱乐产品等增值业务，为移动终端提供优质的内容服务。

7.3.4.5 培育骨干文化企业

一是支持重点企业整合文化资源，重组省直属机关、高校所属出版社和报刊社，以及并购国内外优质出版资源。二是积极推进重点文化企业上市，打造中国出版传媒产业旗舰集团。三是鼓励电广传媒加快市场扩张，确保广电传媒在全国影视领域的领先地位。此外，大力扶持中小文化企业的发展，构建国有与民营文化企业相互促进、共同发展的良好局面。

7.4 本章小结

湖南传统产业门类齐全，但区域发展不均衡，产业发展不协调，有处于国内领先地位的优势产业和新兴产业，也有技术落后的传统产业，因此，需要加强宏观指导，系统协同推进湖南产业高质量发展。本章主要针对投资产业结构优化进行了研究。首先，选取湖南省周边的省市作为比较对象，从固定资产投资状况、经济发展状况，以及有代表性的传统产业和新兴产业等方面对投资结构进行了横向比较分析。其次，分析湖南产业投资结构现状和产业结构发展存在的问题。最后，给出了传统产业优化升级的目标和思路，并分别从第一产业、第二产业和第三产业提出产业内优化升级的对策。

第8章　湖南省产业优化升级的政策建议

在产业优化升级发展理念的指引下，加强产业投资研究，深入分析全省产业投资的特点，紧密结合当前湖南产业投资存在的问题，从投资、基础配套、融资和园区发展等层面提出相关政策建议，为推动全省产业优化升级、不断提升产业竞争能力提供有力支撑。

8.1　加强投资政策引导

8.1.1　加强投资结构的宏观调控和指导

加强投资结构宏观调控和指导，是促进投资结构调整、转变经济增长方式的有效手段。首先，应准确把握投资方向，用正确的投资方向引导经济结构的良性调整。湖南省应加大对第一产业和第三产业的投资力度，相对降低对第二产业的投资比重，优化各自内部的投资结构，使投资效益更高、经济效益更好。区域结构投资方向为通过集中力量优先发展核心或中心城市、以交通干线为中轴的经济相对发达地带和加快城镇化建设等措施优化投资区域总体结构。主体结构投资方向为加大投资主体政府的资金投入量，增加民间资金的投入量，优化国有经济的投资结构和改善政府投资。其次，应努力控制投资成本。

湖南省应注重投资成本分析，对项目决策、前期、建设、运行全过程加强成本管理和效益核算。决策阶段可采取专家咨询论证制，前期阶段采取厂址比选制和业主招标制，建设阶段主要采取招标投标制，运行阶段可建立绩效评价和重大投资责任追究制度。再次，应不断改进投资管理。投资管理包括计划管理和项目管理两个层面。在计划管理方面，应积极探索市场经济条件下投资调控的管理方式，把对投资总量和结构的调控切实转移到以资金源头为主上来，搞好建设资金来源和使用的衔接。在项目管理方面，应对项目的前期工作和实施阶段实行领导一体化协调、前后紧密衔接、全称综合配套的"一条龙"管理，确保项目梯度推进、滚动开发和有序实施。

8.1.2 加强产业结构政策的引导

产业结构政策的制定，首先要做到与产业结构政策保持一致，紧紧围绕产业结构政策进行设计和制定，不能有所违背和相悖。其次要做到明确具体，对需要发展的产业和产品项目，要有鼓励措施；对需要限制发展的产业和产品项目，要有相应的惩罚措施。产业结构政策的实施，要正确处理基建投资和技术改造投资、基础产业投资和主导产业投资、大中小型项目投资的关系。具体而言，湖南省产业结构政策的基本方向包括以下几个方面。

8.1.2.1 第一产业

围绕推进湖南第一产业规模化、集约化、产业化和生态化加大投入，推动农业发展方式的转变，合理调整和优化种植结构，加大畜牧、水产业的投入，改革农业管理体制，确保粮食安全、农民增收和第一产业可持续发展。

8.1.2.2 第二产业

围绕增强产业核心竞争力、优化产业结构、建立健全现代产业体系加大投入，着力引导资源要素合理有效配置，合理确定第二产业内部投资方向，促进工业提质升级，发展开放型经济，加快推进新型工业化。制定完善促进先进装备制造业发展的政策措施，聚焦重点领域和重点企业项目，整合现有工业园区，积极支持省内有实力的装备制造企业作为改造主体，建设先进装备制造业集聚基地；充分发挥高新区创新要素集聚、创新科技成果丰富的优势，进军高新技术产业，发挥其在推进产业结构优化中的带动和辐射作用；以重点用能行业为突破口，落实重点行业工业产品能耗限额标准，培育一批产业优化升级的先进标杆和典型。

8.1.2.3　第三产业

围绕服务第一产业和第二产业，加大绿色化的第三产业发展的投入力度，逐步提高第三产业在三次产业结构中的比重。积极引导创新资源向新能源、互联网、生物技术、新材料、文化创意等新兴产业集聚；制定和完善促进文化产业发展的政策措施，努力建设长株潭、大湘西、大湘南和湘东历史文化圈"品"字形文化产业发展格局；加强基础设施建设，提高资金的利用效率及改革运作方式，开发地域特色旅游产业，加快服务业市场化、社会化步伐，充分发挥第三产业在扩大就业、改善民生、促进消费中的基础性作用。

8.1.3　加强投资区域结构政策的引导

投资区域结构政策的制定，要做到与区域结构政策保持一致，湖南省投资区域结构政策的基本方向包括以下几个方面。

8.1.3.1　湖南投资区域总体结构

湖南省投资区域总体结构的优化应在区域均衡发展的基础上兼顾长株潭地区、大湘西地区、大湘南地区、环洞庭湖区域等城市的发展，建设石长铁路沿线、枝柳铁路沿线、湘黔铁路沿线和永州至冷水滩沿线等四条主要交通干线，加快构建"一核五轴"的城镇空间发展格局，统筹城乡发展，实现城乡一体化。

8.1.3.2　湖南各区域投资结构

长株潭地区是湖南省的经济发展中心，应为其他区域做好示范作用，在重视长株潭的投资的同时，可适当加大对株洲的投资力度，强化其在轨道交通设备制造业、有色深加工、化工、陶瓷等产业的优势。洞庭湖地区是湖南重要的大宗农产品生产基地，投资效果居全省首位，可加大对洞庭湖地区的投资力度，扩展其第一产业发展广度和深度，提倡其第二产业向节能环保方向发展，注重洞庭湖地区代表常德市的烟草、铝业、电力、食品、纸业、纺织、机械、建材、医药、电子等主导产业的发展。湘南地区投资效果居全省第二，可适当加大对该区域的投资力度，注重该区域代表衡阳市现代物流、生态人文旅游、文化创意等产业的发展。湘西地区应避免过度开发和工业化，该区域的投资可适当集中于张家界旅游业的发展。湘西南地区投资效果在全省范围不占优势，该区域内两市经济和资源禀赋具有相似性，农业比重大，工业和服务业优势不明显，应加强对其能源行业的投资，建设成新能源示范城市。

8.1.4　加强投资主体结构政策的引导

投资主体结构政策的制定，要做到与主体结构政策保持一致，湖南省投资主体结构政策的基本方向包括以下几个方面。

8.1.4.1　政府投资

首先，湖南省政府应通过制订正确的国民经济发展战略方针和长期计划，完善投资信息反馈制度和改革投资信息报表制度改善政府投资。其次，应加大政府的投资额，投入交通和能源等基础设施建设项目，为湖南省的经济增长打下坚实基础。

8.1.4.2　其他投资

首先，湖南省应出台政策招商引资，扩大国外优惠贷款、国外商业贷款规模，积极引导民间投资，完善特许经营有关政策，围绕市政公用、文化旅游、民生服务、基础产业等领域，放开市场准入、开展试点示范，探索一批新型融资建设模式。其次，应促进消费，调动民间资金的投资积极性。如加快长沙高新区移动互联网产业园建设，推动北斗导航应用产业化，争取国家物联网重大应用示范工程区域试点等。

8.2 加大配套基础建设

基础设施建设是一个地区发展的基础，"十三五"时期，湖南省应继续加大基础设施建设投入力度，加强和改善薄弱环节，为全省经济社会发展提供坚强保障。

8.2.1 推进重大交通项目的建成投产

湖南省应推进包括公路、铁路、航空和水运等在内的重大交通项目的建成投产。如公路和高速公路的建设，应建成与全国高速公路和干线公路网的无缝对接的湖南公路网络。加大铁路交通体系建设的投入，加快建设国内铁路枢纽。在航运方面加大长沙机场飞行区东扩、武岗支线机场扩建和省内部分支线机场改造升级投入，切实提升航运能力。在水路运输方面加大对湘江长沙综合枢纽和省内内河航运基础设施建设投入，提升内河航运在综合运输体系中的作用。

8.2.2 加大对交通基础设施建设资金支持力度

交通基础设施的建设离不开资金的支持，湖南省应首先保证地方财政的配套资金落实到位，避免出现交通基础设施建设项目资金紧缩、停工等现象。其次，创新重大交通基础设施建设投入机制，采取多种方式鼓励和引导社会资金和境外资金参与交通基础设施建设。实现交通发展模式社会化，投资主体多元化，经营方式多样化。

8.2.3 促进现代物流、旅游等行业的发展

打造布局合理、结构完善、高效便捷、安全可靠、全省贯通的综合运输体系，推动交通通畅、安全及运输水平的提升，促进现代物流、旅游等行业的发展。一是统筹全省公路、水路、铁路、航空等运输方式及管理部门的数据资源，整合商品信息、交通路网、货物运输、货物周转等行业数据，满足物流系统中各个环节不同层次的信息需求和功能需求。二是整合旅游、建设、文化、交通、公安等部门和旅游景区、旅行社、酒店等单位的数据资源以及公路、铁路、机场等交通数据资源，建立全省统一的跨地区、跨景区的旅游数据资源交换体系。

8.2.4 支持新能源产业基地的建设

在全球"低碳经济"与绿色发展的背景下，党中央和国务院高度重视新能源产业的发展，湖南省新能源产业已具备一定的产业基础和规模，应大力引导和支持新能源产业基地的建设，助推湖南经济的跨越发展。一是可以突出地市新能源产业特色，打造新能源特色产业基地。如可将株洲打造成"风电配套产业基地"和"新能源汽车产业基地"，将湘潭打造成"风电整机产业基地"，将长沙打造成"光伏装备及电池制造产业基地"，将益阳打造成"新能源应用示范基地"，将永州和湘西打造成"生物质燃料产业基地"。二是重点支持新能源产业基地的核心骨干企业。风电领域重点支持湘电风能、南车风电、益阳中科恒源、南车变流、南车时代、广缘科技等企业；太阳能领域重点支持中电集团四十八所、益阳晶鑫科技、衡阳真空机电、华磊光电等企业；新能源汽车领域重点支持南车电动汽车、南方宇航、神舟科技、瑞翔新材等企业；核电领域重点支持桃花江核电站、岳阳小慕山核电站、南方阀门、湘电长泵等企业；生物质能领域重点支持迅达集团、龙山金山实业、永大生物质能、张家界三木能源等企业。

8.3　拓宽投融资渠道

积极拓展基础设施投融资渠道，促进产业投资来源多元化，促进投资主体结构多元化。大力发展各类基础设施基金，积极吸引各类股权投资基金、产业基金的加入。进一步盘活地方政府存量资产，优化政府债务结构。

8.3.1　促进产业投资来源多元化

早在党的第十五次全国代表大会上，党中央就根据我国的基本国情确立了公有制为主体、多种所有制经济共同发展的经济制度，这是我国社会主义初级阶段的一项基本经济制度，充分肯定了多元投资主体结构的发展战略。

8.3.1.1　吸引有投资能力的城乡居民进入资本市场

由于我国资本市场还不完善，投资渠道缺乏，有投资能力的城乡居民难以进入资本市场及有关领域进行投资。一是规范投资程序，建立符合市场经济原则的投资形式，如特许经营、公开招标、知识产权入股和产业投资基金等，以开放的理念，发挥社会资本的作用，激发产业活力，促进相关产业的优化发展。二是建立收费补偿机制、财政补贴或贴息等多种方式以弥补战略性项目或公益性项目投资收益的不足，稳定收入预期，吸引更多民间资本进入。三是构建储蓄转化为投资的畅通渠道，创新金融工具，拓宽融资渠道，实现金融资产的多样化。健全市场运作机制，防止市场价格非理性的暴涨暴跌，保护投资者的切身利益。加快投资体制改革，拓宽民间投资渠道。四是为城乡居民提供有利的投资机会，并设立相应的金融机构，为它们提供融资方便，如果能在一定程度上改变根据企业规模片面分配资金的做法，促使资金流向效率更高、效益更好的企业，将有利于具有发展潜力和竞争能力的微小企业的生存和发展。

8.3.1.2　大力发展投资基金，促进资本与投资者的高效结合

一是促进有条件的企业上市融资，将优质的国有企业推向资本市场，增

强其融资能力和风险应对能力，促使企业实现更好的生存与发展。二是推动资产重组，鼓励优势企业尤其是上市公司整合领域内相关资产，带动产业优化升级。三是科学引导投资基金的发展，提高对产业的宏观调控能力。综合运用优惠政策及股权担保等措施引导基金投向科技企业，将商业性投资基金投向科技成果产业化项目，弥补传统商业性投资基金的不足。四是坚持发挥政府的引导作用，政府鼓励创业、市场倡导创业，在国内风险投资已现端倪的形势下，抓住发展提高的机遇，突出经济发展的重点，引导正确的投入方向，建立科学的运作模式，利用创业风险投资迅速推动一批地方中小企业的发展，实现产业结构的调整和技术的升级，以及市场的扩大推广。五是政府可通过"引导性基金"支持产业发展或科技创业型企业发展。增强政府宏观调控能力，推动创业企业技术创新及成果产业化。

8.3.1.3　积极发展债券市场，扩大地方建设债券的规模

一是鼓励具有良好经济效益和市场前景的企业和重大基础设施项目，在国内外发行债券、可转换债券等，多种形式开展债券融资。二是通过发行企业债券、设立产业投资基金等方式吸引大量闲散资金间接参与投资建设。为社会闲置资金提供良好的投资场所，减少因通货膨胀造成的资金损失风险，获得比股票更有保障的收益，减少因企业经营造成的投资风险；突破单一的银行信用，促进市场经济的发展，促进证券市场的活跃和发展，逐步改变单一的间接金融结构，形成间接金融与直接金融相互依存、互相促进的资金融通结构，搞活资金融通，促进长期资金市场的发展。三是横向资金融通合理化，使呆滞的资金得到合理的运用，使不同地区的政府、金融机构、工商企业及个人之间有了调剂余缺的场所，高效能地使用全社会的资金，从而促进市场经济的发展。可加强债券品种创新，争取国家批复发行企业债券300亿元。

8.3.1.4　完善和优化投资环境，积极吸引国外投资者

一是积极吸引外国企业和个人作为湖南省资本市场的投资者直接到国有企业参股，加快改变部分国有企业的产权结构调整和转换企业经营机制。二是建立统一、规范、公开的外商投资准入制度；优化知识产权和法律环境，严格维护公平公正的市场秩序；确保外资利用政策的稳定性和连续性，增强对国际优势外资企业的吸引力。三是提高产业资本的回报率，吸引外商投资的重点转移到提高质量和优化结构方面，在产业的技术创新上下功夫，降低资本市场的回报率，促使资本流回产业投资领域。四是挑选一批国家重点项目，统一招标。避免投资的盲目性，提高招商引资的质量，引导外商选择合理的投资方向。政府可通过财政补贴或其他转移支付手续，将外商投资引导到急需重点发展的行业。

8.3.2　促进投资主体结构多元化

理顺国有经济与非国有经济的关系，改变国有经济占主导地位的局面，降低门槛，打破界限、部门垄断和地区封锁，突破制约非国有经济尤其是民间投资发展的观念和政策障碍，加大对民间投资的吸引力度，实现产业投资主体多元化。大力推进"四化两型"和全面建成小康社会建设，加大产业投资、民生投资和基础设施投资力度，优化投资结构。支持湘商回湘发展，争取扩大内联引资局面。放宽引进外资的政策，扩大外商投资领域，扩大国外优惠贷款、国外商业贷款规模。积极引导民间投资，完善特许经营有关政策。

8.3.2.1　鼓励民间产业投资

一是市政公用、文化旅游、民生服务、基础产业等领域，进入门槛高，需要大量的资金。鼓励民间的产业投资项目，在投资的税收抵扣和减免、成本摊提等方面应实行与国有投资和外商投资相同的优惠。二是在大力发展高新技术产业如轨道交通设备制造业、有色深加工等产业结构的优化升级。可以考虑

放开市场准入、开展试点示范，探索一批新型融资建设模式，以向民间资本转移现存且具有可经营性的基础设施项目的产权和经营权为突破口，鼓励民间资本进入基础设施领域。三是将公用设施的一些无形资产，如冠名权、广告位等，以公开拍卖等多种形式引进民营资本。四是采取符合市场经济的项目组织形式和投融资形式。非国有经济大多是小额资本，因此，非国有经济主要采取公开招标、特许经营、知识产权入股和产业投资基金等，鼓励和引导民间资本进入一些新的领域。五是可以引导民营企业参与农村基础设施建设，投入资金进行农田改造、修路、架桥、兴修水利、建沼气池、建村部，建设新村镇和新农居。支持农村公益慈善事业，推进农村经济社会发展，帮助农民致富。

8.3.2.2 支持湘商回湘发展

一是加强湖南异地商会建设，支持湘商发展，塑造湘商形象，打造湘商品牌，提升湖南经济实力。二是加强政策支持，保障用地需求，引导和协调金融机构加大对湘商创办企业的信贷投放，提高贷款比重，保持贷款逐年增长。三是支持银行金融机构增加湘商创办中小企业贷款，并享受中小企业贷款风险补偿政策。支持湘商设立小额贷款公司。各级、各部门、各单位要全面落实优化经济发展环境工作责任制和问责制，落实项目审批代理制和重大产业项目"绿色通道"。

8.3.2.3 优化投融资政策

一是积极发展非国有的地方银行和中小金融机构，完善中小企业信贷担保体系，普遍设立专门的贷款担保基金。今后湖南省的投融资政策应为中小企业提供有利的投资机会，并设立相应的金融机构，为它们提供融资方便，促使资金流向效率更高、效益更好的企业，将有利于具有发展潜力和竞争能力的中小企业的生存和发展。二是鼓励有优势的民间资本以收购农村信用社等方式发展一批中小金融机构，规范其发展，以此作为国有银行机构的重要补充。探索发展国有与民营合资合作的担保基金。三是鼓励多元股权投资主体参与，建立以企业为主体的风险投资运行机制，支持满足条件的中小高科技企业发行债券、股票，同时，完善产权交易规则和兼并重组的法律法规，规范民间资本的进退机制。

8.4　促进园区健康发展

为了更好地引导产业园区的转型升级，可考虑改革政绩考核评价体系、建立健全产业用地流转机制和推进产业园区协调发展等几方面。

8.4.1　改革政绩考核评价体系

以经济增长为核心的政绩考核评价机制使地方政府过于注重招商引资，一味扩大投资规模而忽视投资的质量，使产业结构调整、区域经济协调受到阻碍，产业整体布局难以落实，而科学有效的政绩考核体系能为产业结构的优化升级提供重要的内在动力。

科学设计考核体系，应明确可比性原则、可持续发展原则和民声定政声三项原则。依据可比性原则，实施分类考核，对不同县市，从经济基础、资源配置、区域特色、功能定位等不同方面因地制宜地进行分类考核；依据可持续发展原则，实施绿色政绩考核，围绕区域产业发展定位，淡化 GDP 考核，加大生态环境考核，更加注重经济运行质量的提升；依据民声定政声的原则，引入社会公认评估，重点评估改善民本民生、医疗教育、服务质量等工作，把人民群众最关心、最直接、最现实的民生问题作为政府考核的风向标。

科学的考核评价体系应把履行职责与解决社会突出问题作为两个基本内容依据并有机结合，将稳定性指标与动态性指标考核有机结合，建议在职能职责考核中兼顾重点项目考核，绩效结果考核兼顾管理过程考核，衡量组织长远目标实现程度的同时考察突出问题的解决程度。

多元化的考核指标应更加注重利用政绩考核指标引导政府职能部门把注意力集中到转方式、调结构、增效益上来，更加注重质量而非数量。应加大资源消耗、环境损害、生态效应、产能过剩、科技创新、安全生产、新增债务等指标的权重，更加重视用公共服务、劳动就业、居民收入、社会保障、人民健康状况等多元指标来完善考核评价体系。有效推进多元考核，应采取灵活考核方式，坚持日常考核和集中考核相结合；应采取多元评价方式，在完善组织评价的同时引入体制外的评价维度，推进全方位、多维度的评估考核机制；建立跟踪反馈机制。落实考核实效，应形成正确的导向机制、客观的评价机制、有效的激励机制。

完善考核评价体系还应通过科学的理论与方法建立具体的考核制度和方法，通过立法确定考核体系的地位，落实制度和法律保障，使考核程序规范化。同时应实行评价主体的多元化，逐步建立完整的政绩考核主体体系，充分发挥各评估主体的作用，保证政府绩效评估发挥应有的作用。

8.4.2 建立健全产业用地流转机制

产业园区是产业发展的载体，目前株洲各县市产业园区内土地闲置问题严重，60%~70% 的土地处于低效率或闲置状态，而由于产业用地流转机制的缺失和相关政策法规的不完善，使闲置土地的收回及二次开发利用面临重重困难。产业用地流转机制的建立健全主要集中于依法认定、有效查处、合理再利用三个关键环节。因此，产业用地流转机制的建立应从以下几个方面完善相关政策。

8.4.2.1 创新产业用地和供地机制

应采取措施创新供地和用地机制，严控增量，盘活存量，坚持合理、节约、集约和高效地开发利用土地。首先应科学制定产业园区发展规划和土地利用规划，并与产业规划充分衔接，将其作为供地审批依据，从根本上避免开发区面积过大和重复建设问题。其次，对于新征收的土地，建议排除在政府土地储备范围之外，促使地方政府少征地、多用地。再次，建议允许通过集体土地流转方式获得产业用地使用权，使真正有用地需求的企业获得土地使用权，减少由于地方政府长期储备土地等待企业入驻导致的闲置土地。最后应建立用地企业综合审查机制，建立用地企业在资金实力、产业技术水平、发展前景等方面的综合审查机制，确保真正有质量、有能力的企业获得土地使用权。

8.4.2.2 健全和创新闲置产业用地处置机制

对于闲置产业用地，应采取措施加速其二次利用，提高园区产业用地的利用率。对于符合土地利用总体规划，由产业园区内企业拥有合法使用权的土地，应允许企业通过二级市场转让或出租使用权，以鼓励园区企业盘活产业闲置用地，可建立土地流转中心，提高土地流转信息的透明度。

8.4.2.3 完善产业用地流转相关政策法规

通过完善相关政策法规，加强产业用地流转的政策和法律保障，增强闲置土地的处置的有效强制约束力。首先应完善闲置产业用地的认定标准；其次应完善闲置产业用地收回的相关政策支持和法律程序，确保产业用地管理部门能够有效收回应收回的土地；最后，围绕闲置产业用地处置各环节，明确各部门职能，建立相应的政策和法律规范，强化产业用地监管，提高闲置产业用地处置的执行力。

8.4.3 推进产业园区协调发展

产业园区在改善区域投资环境、引进外资、促进产业结构调整和发展经济等方面能发挥积极的辐射、示范和带动作用，是企业走向产业化道路的集中区域。产业园区缺乏合理的规划管理容易引发区域集聚效应差、土地利用效率低、同质化竞争严重、配套不平衡、产业带动作用不明显等诸多问题。对产业园区进行合理适度的规划，有利于产业高效、高质地发展，促进资源的合理有效利用。对产业园区的规划管理，从以下几个方面给出政策建议。

8.4.3.1 按需建设产业园区

产业园区开发成本较高，而许多园区开发后并未得到合理有效的利用，各地区应考量自身发展能力和承载能力，按实际发展需要开发产业园区，而非盲目开发。产业园区开发应符合全市整体产业布局，应加强对市域产业园区的宏观调控和指导。

8.4.3.2 合理规划园区土地

产业园区建设过程中应始终坚持"规划先行"指导原则，结合产业园区规划、定位及经济发展环境和水平，合理规划园区土地，采取措施避免园区土地闲置和重复建设问题，强化土地节约集约利用。

8.4.3.3 建立入园企业综合审查机制

应建立对入园企业在资金实力、产业技术含量和发展前景、土地利用水平等方面相结合的综合审查机制。不同园区可根据不同的产业定位，制定不同的企业准入标准，支持符合产业结构发展方向、整体产业布局、产业园区定位的，经济综合实力强、产业特色明显、发展质量高的企业入驻。

8.5 本章小结

产业的优化升级要坚持市场调节和政府引导相结合，充分发挥市场配置资源的基础性作用，加强产业政策的合理引导，实现资源的优化配置。本章在湖南产业结构现状分析和优化升级方案的基础上，依据实地调研结果，针对产业结构调整过程中存在的问题，从产业整体发展规划、政策保障和园区发展等方面给出相应的政策建议。

第五篇 总　结

　　通过对园区、市州、省域等不同区域产业优化升级发展进行研究，有针对性地梳理出产业优化升级发展路径，总结出主要研究结论，同时对产业规划、产业选择、产业集群发展、区域产业协同创新发展等问题进行展望。

第9章 研究结论与展望

通过深入现场，走访了大量企业、园区和政府相关部门，全面系统地了解相关产业发展情况，获得了大量宝贵的第一手资料，为研究结论的科学性和政策建议的合理性奠定了良好基础。

本书针对企业资源浪费大、环境污染严重、产业"逐底竞争"和"低端锁定"等重大现实问题，运用系统思维、理论，从园区(微观)、市州(中观)、全省(宏观)三维视角对湖南产业优化升级与绿色发展问题进行了系统、深入的探索，建立了绿色发展决策优化模型，构建了多链融合、共生共享的发展模式，践行"技术、人才、金融、政策、监管"五位一体协同发展理念，在此基础上，理论与实证相结合，提出了一系列针对性强、具有可操作性的政策建议，为企业、政府在产业优化升级等方面提供了重要决策依据，主要结论如下。

(1)从微观层面，推进科技园(城)特色产业优化升级发展。由于科技园(城)的地理区位影响，其产业发展具有明显的资源特色，且从科技园(城)的建立之初，其发展就瞄准特定的产业，围绕产业链上核心企业聚集大量上下游企业，形成具有特色的产业集群，提供良好的产业配套和公共配套。管理机构的服务更为精准，政府也有针对性地出台优惠政策，支持特色产业发展。由于园(城)区地理范围、发展时间、区域内资源等的制约，其发展过程面临多种问题，其产业优化升级的主要举措有：一是健全区域内的微观治理架构，完善治理机制，提供更为高效的配套服务。二是要发挥资源禀赋优势，发展特色产业，实现产业的优化升级。三是充分利用科技园(城)的配套政策，扶持产业优化发展。

(2)从中观层面，推进市州优势产业优化升级发展。由于市州拥有不同的地理、气候、资源以及文化等，呈现一定的地域特色，产业的优化升级发展不能千篇一律，需要因地制宜，紧密结合市州资源发展特色产业。本书利用了比较优势、资源禀赋、产品生命周期等理论，选择具有工业优势的株洲市，以及具有旅游、农业优势的大湘西作为中观层面产业优化升级研究的主要对象。从研究结果上，本书提出了相对应的发展举措。一是利用充分挖掘已有优势资源，优先发展优势产业。二是积极优化产业结构，合理配置产业资源，带动各产业的优化升级，如旅游业、农业与互联网融合，传统农业与先进制造业结合，促进产业的健康快速发展。三是要完善交通、网络等基础硬件配套设施，还要加强教育、政策等软件配套的资源投入，为产业发展提供良好的环境。

(3)从宏观层面，推进省域产业协同优化升级发展。湖南是一个内陆大省，不仅具有丰富的农业资源、旅游资源，还具有新兴产业发展所需要的大量创新资源。在"创新、协调、绿色、开放、共享"理念的指引下，借助于国家中部崛起战略，承接沿海发达地区产业转移，加强"引进来，走出去"，湖南制造业发展迅速，形成了工程机械、轨道交通、航空航天、新材料、汽车产业、环保节能产业等一大批引领行业发展的产业集群。尽管如此，全省产业发展仍面临产业资源不均衡、产业发展有差异的问题，因此，从全省宏观层面提出产业协同优化升级发展举措。一是要加强整体统筹规划，优化产业布局，实现产业协同发展，避免重复投资，低效发展。二是加强片区发展，如实施长株潭城市群协同发展战略，推进创新资源、产业资源、人才资源的区域内协同配置，促进各片区、各市产业的优化升级发展，以及继续加强大湘西与全省先进地区交流协同，带动大湘西区域内产业发展。三是加强湖南与国内外先进地区的资源协同，加大开放力度，吸收外部经验和资源，提升湖南产业的进一步优化升级发展。

本书旨在推动湖南产业高质量发展，促进产业优化升级，并不断向产业链高端攀升。由于湖南产业优化升级发展是一项巨大的系统工程，还存在不足，因此将继续加强研究，完善研究成果，优化解决方案。具体在以下几方面进行深入拓展。

(1)产业优化升级中的定量产业规划研究。本书提出了产业合理布局，但对如何进行科学的产业规划没有提供具体的方法。为此，在推进产业规划的过程中，在深入研究产业与当地资源的契合度，以及从全省层面计算产业发展的协同度，并确定产业发展经济效益最优、社会效益最大、新增投入最少等多个目标的前提下，开展产业的空间布局规划，以更好地促进区域产业优化升级发展。

(2)产业优化升级中的产业集群微观治理研究。产业集群的发展有利于就近供给，提高产业运作效率，同时还可抵御风险。本书主张实施产业集群式发展，但暂未讨论产业集群发展的机理。产业优化升级过程中，离不开一个高效的产业集群微观治理机制，通过微观治理的研究，探索关键影响因素和具有可操作性的方法，扩大相关知识外溢，有效解决产业集群内的冲突，提升产业集群内的合作效率，提高产业集群合作剩余，促进产业集群整体跃升。

(3)优化升级中区域协同创新发展研究。湖南作为中部重要省份，优势和劣势并存。在新一轮工业革命中，湖南要扬长避短或取长补短，抓住未来发展的机遇，实现快速、健康地发展。要实现这一目标，协同创新发展就显得至关重要。区域间不仅要做到产业协同、资源协同，更重要的是要开展创新协同。协同创新的范围不仅仅停留在园区内、市州内等相对狭小的区域，要以开放的心态，在全省层面开展协同创新，有机会更要开展国内外的协同创新。通过探讨协同创新的长效机制，以及优化协同创新环境等，借鉴吸收先进做法，建立符合区域自身实际的协同创新体系，以解决区域内产业优化升级中技术能力不强、人才缺乏、配套创新资源少的现实问题，从而使得湖南突破区位的制约。

参考文献

[1] 埃兹拉·沃格尔.日本的成功与美国的复兴 [M].北京：生活·读书·新知三联书店，1985.

[2] 安苑，王珺.财政行为波动影响产业结构升级了吗？——基于产业技术复杂度的考察 [J].管理世界，2012（9）：19-35+187.

[3] 陈羽，邝国良."产业升级"的理论内核及研究思路述评 [J].改革，2009（10）：85-89.

[4] 陈仲常.产业经济理论与实证分析 [M].重庆：重庆大学出版社，2005.

[5] 成金璟，余光英.外商直接投资与我国产业升级 [J].合作经济与科技，2005（21）：34-35.

[6] 成鹏飞，周向红，周志强.长株潭衡创建"中国制造2025"试点示范城市群的研究 [J].湖湘论坛，2018，31（3）：132-138.

[7] 成鹏飞，周向红.湖南制造强省战略的主要问题、发展路径与对策 [J].湖南科技大学学报(社会科学版)，2019，22（1）：175-184.

[8] 储德银，建克成.财政政策与产业结构调整——基于总量与结构效应双重视角的实证分析 [J].经济学家，2014（2）：80-91.

[9] 丁晓强，葛秋颖.产业升级内涵及研究思路的文献综述 [J].长春理工大学

学报(社会科学版), 2015, 28 (6): 66-70.

[10]董景荣, 张文卿. 技术进步要素偏向、路径选择与中国制造业升级 [J]. 管理现代化, 2019 (4): 26-30.

[11]杜传忠, 郭树龙. 中国产业结构升级的影响因素分析 —— 兼论后金融危机时代中国产业结构升级的思路 [J]. 广东社会科学, 2011 (4): 60-66.

[12]范方志, 张立军. 中国地区金融结构转变与产业结构升级研究 [J]. 金融研究, 2003 (11): 36-48.

[13]方辉振. 产业结构优化升级的主要趋势及动力机制 [J]. 中共南京市委党校南京市行政学院学报, 2006 (4): 27-31.

[14]冯梅. 比较优势动态演化视角下的产业升级研究：内涵、动力和路径 [J]. 经济问题探索, 2014 (5): 50-56.

[15]付珊娜, 刘昂. 制造业产业升级的研究回顾与展望 [J]. 科学管理研究, 2017, 35 (2): 47-49+53.

[16]高远东, 张卫国, 阳琴. 中国产业结构高级化的影响因素研究 [J]. 经济地理, 2015, 35 (6): 96-101+108.

[17]高越, 李荣林. 国际生产分割、技术进步与产业结构升级 [J]. 世界经济研究, 2011 (12): 78-83+86.

[18]郭克莎. 中国产业结构调整升级趋势与"十四五"时期政策思路 [J]. 中国工业经济, 2019 (7): 24-41.

[19]国家统计局. 中国统计年鉴 —2010[M]. 北京：中国统计出版社, 2010.

[20]国家统计局. 中国统计年鉴 —2011[M]. 北京：中国统计出版社, 2011.

[21]国家统计局. 中国统计年鉴 —2012[M]. 北京：中国统计出版社, 2012.

[22]国家统计局. 中国统计年鉴 —2013[M]. 北京：中国统计出版社, 2013.

[23]国家统计局. 中国统计年鉴 —2014[M]. 北京：中国统计出版社, 2014.

[24]国家统计局.中国统计年鉴—2015[M].北京：中国统计出版社，2015.

[25]国家统计局.中国统计年鉴—2016[M].北京：中国统计出版社，2016.

[26]国家统计局.中国统计年鉴—2017[M].北京：中国统计出版社，2017.

[27]国家统计局.中国统计年鉴—2018[M].北京：中国统计出版社，2018.

[28]韩刚.FDI对我国产业内结构优化和产业间结构升级的影响分析[J].特区经济，2009（3）：225-226.

[29]韩红丽，刘晓君.产业升级再解构：由三个角度观照[J].改革,2011（1）：47-51.

[30]韩霞.高新技术产业化对产业升级的影响研究[J].辽宁大学学报(哲学社会科学版)，2003（2）：112-114.

[31]韩颖，倪树茜.我国产业结构调整的影响因素分析[J].经济理论与经济管理，2011（12）：53-60.

[32]何德旭，姚战琪.中国产业结构调整的效应、优化升级目标和政策措施[J].中国工业经济，2008（5）：46-56.

[33]胡乃武，王春雨.加入WTO与我国产业结构调整[J].中国人民大学学报，2002（3）：54-59.

[34]湖南省统计局.湖南统计年鉴—2010[M].北京：中国统计出版社，2010.

[35]湖南省统计局.湖南统计年鉴—2011[M].北京：中国统计出版社，2011.

[36]湖南省统计局.湖南统计年鉴—2012[M].北京：中国统计出版社，2012.

[37]湖南省统计局.湖南统计年鉴—2013[M].北京：中国统计出版社，2013.

[38]湖南省统计局.湖南统计年鉴—2014[M].北京：中国统计出版社，2014.

[39]湖南省统计局.湖南统计年鉴—2015[M].北京：中国统计出版社，2015.

[40]湖南省统计局.湖南统计年鉴—2016[M].北京：中国统计出版社，2016.

[41]湖南省统计局.湖南统计年鉴—2017[M].北京：中国统计出版社，2017.

[42]湖南省统计局.湖南统计年鉴—2018[M].北京：中国统计出版社，2018.

[43]黄先海，诸竹君.新产业革命背景下中国产业升级的路径选择[J].国际经济评论，2015（1）：112-120+7.

[44]黄永明，何伟，聂鸣.全球价值链视角下中国纺织服装企业的升级路径选择[J].中国工业经济，2006（5）：56-63.

[45]纪玉俊，李超.创新驱动与产业升级——基于我国省际面板数据的空间计量检验[J].科学学研究，2015，33（11）：1651-1659.

[46]姜劲，孙延明.代工企业外部社会资本、研发参与和企业升级[J].科研管理，2012，33（5）：47-55.

[47]姜泽华，白艳.产业结构升级的内涵与影响因素分析[J].当代经济研究，2006（10）：53-56.

[48]蒋兴明.产业转型升级内涵路径研究[J].经济问题探索，2014（12）：43-49.

[49]库兹列茨.各国的经济增长[M].常勋，等译.北京：商务印书馆，1985：208-210.

[50]雷蒙德•W.戈德史密斯.金融结构与金融发展[M].上海：上海三联书店，1994.

[51]李博，胡进.中国产业结构优化升级的测度和比较分析[J].管理科学，2008（2）：86-93.

[52]李璨，龙腾.中国(长沙)马栏山视频文创产业园现状及其发展战略研究[J].金融经济，2019（8）：77-79.

[53]李钢，廖建辉，向奕霓.中国产业升级的方向与路径——中国第二产业占GDP的比例过高了吗[J].中国工业经济，2011（10）：16-26.

[54]李吉雄.中西部地区传统产业升级的动因和路径——以江西纺织业为例

[J].江西行政学院学报，2013，15（4）：53-56.

[55]李培育.落后地区产业升级战略中的需求分析[J].管理世界，2003（7）：76-80+89.

[56]李新功.区域金融改善与产业结构优化[J].科学学研究，2016，34（6）：833-840+849.

[57]李豫新，帅林遥，王睿哲.产业结构升级及其影响因素研究——基于新疆数据的实证分析[J].中国科技论坛，2014（9）：46-51+68.

[58]李悦，孔令丞.我国产业结构升级方向研究——正确处理高级化和协调化的关系[J].当代财经，2002（1）：46-51.

[59]梁军.全球价值链框架下发展中国家产业升级研究[J].天津社会科学，2007（4）：86-92.

[60]刘芳，倪浩.我国产业结构调整的影响因素分析及相应措施[J].技术与创新管理，2009，30（3）：321-323+358.

[61]刘世锦.为产业升级和发展创造有利的金融环境[J].上海金融，1996（4）：3-4.

[62]陆泽锦，黎迪康.产业结构演化的影响因素分析及应用[J].广西财经学院学报，2011，24（6）：110-114.

[63]罗斯托.经济成长的阶段[M].北京：商务印书馆，1963：325-326.

[64]吕丙.产业集群的区域品牌价值与产业结构升级——以浙江省嵊州市领带产业为例[J].中南财经政法大学学报，2009（4）：47-52.

[65]南亮进.日本的经济发展[M].北京：经济管理出版社，1992.

[66]潘冬青，尹忠明.对开放条件下产业升级内涵的再认识[J].管理世界，2013（5）：178-179.

[67]任盈盈，刘思峰.江苏省产业结构演化影响因素的灰色关联分析[J].商业

研究，2006（14）：48-52.

[68] 桑瑞聪，郑义.产业转移与产业升级——基于三个典型产业的案例分析
[J].当代经济管理，2016，38（7）：68-74.

[69] 邵洁笙，吴江.科技创新与产业转型的内涵及其相关关系探讨[J].科技管
理研究，2006（2）：79-81.

[70] 沈坤荣，徐礼伯.中国产业结构升级：进展、阻力与对策[J].学海，2014
（1）：91-99.

[71] 宋辉.基于投入产出技术的产业结构与部门发展模型研究[D].天津：天
津大学，2004.

[72] 孙君，姚建凤.产业转移对江苏区域经济发展贡献的实证分析——以南
北共建产业园为例[J].经济地理，2011，31（3）：432-436.

[73] 孙自铎.结构调整思路：由产业升级转向产品、技术升级[J].江淮论坛，
2003（3）：39-44.

[74] 王海平，周江梅，林国华，等.产业升级、农业结构调整与县域农民收
入——基于福建省58个县域面板数据的研究[J].华东经济管理，2019，
33（8）：23-28.

[75] 王吉霞.产业结构优化升级的影响因素探析[J].商业时代，2009（14）：
106-107.

[76] 王君.传统产业升级的动力机制研究[D].杭州：浙江财经大学，2013.

[77] 王青，张广柱.适应消费增长需要的产业结构优化升级——基于SDA结
构分解技术[J].经济研究参考，2017（13）：41-50.

[78] 王文治，陆建明.要素禀赋、污染转移与中国制造业的贸易竞争力——
对污染天堂与要素禀赋假说的检验[J].中国人口·资源与环境，2012，22
（12）：73-78.

[79]魏喜成.论区域产业结构优化升级的决定因素[J].经济纵横,2008(10):22-24.

[80]吴崇伯.论东盟国家的产业升级[J].亚太经济,1988(1):26-30.

[81]王巧,尹晓波.产业优化升级对劳动力转移就业的影响研究[J].华侨大学学报(哲学社会科学版),2019(2):50-58.

[82]吴进红,王丽萍.产业结构升级的动力机制分析[J].学习与探索,2005(3):214-216.

[83]武晓霞.省际产业结构升级的异质性及影响因素——基于1998—2010年28个省区的空间面板计量分析[J].经济经纬,2014,31(1):90-95.

[84]杨骞,秦文晋,刘华军.环境规制促进产业结构优化升级吗?[J].上海经济研究,2019(6):83-95.

[85]喻小红,何天祥,陈铁军.湖南产业结构升级初探[J].湖南师范大学社会科学学报,2001(S2):282-285.

[86]张翠菊,张宗益.中国省域产业结构升级影响因素的空间计量分析[J].统计研究,2015,32(10):32-37.

[87]张国强,温军,汤向俊.中国人力资本、人力资本结构与产业结构升级[J].中国人口·资源与环境,2011,21(10):138-146.

[88]张国庆,李卉.税收增长对产业升级的影响——基于空间计量和面板门槛模型的实证分析[J].云南财经大学学报,2019(7):36-48.

[89]张国庆,李卉.税收增长对产业升级的影响——基于空间计量和面板门槛模型的实证分析[J].云南财经大学学报,2019,35(7):36-48.

[90]张俊,林卿,王江泉.国际分工演进下产业升级的内涵及分类[J].企业经济,2019,38(2):140-147.

[91]张少军,刘志彪.全球价值链模式的产业转移——动力、影响与对中国

产业升级和区域协调发展的启示 [J]. 中国工业经济, 2009（11）: 5-15.

[92] 张耀辉. 产业创新: 新经济下的产业升级模式 [J]. 数量经济技术经济研究, 2002（1）: 14-17.

[93] 张耀辉. 产业升级的真谛在于创造需求 [J]. 工业技术经济, 2002（2）: 3.

[94] 张志娟. 河南省产业结构优化升级中创新创业环境问题研究 [J]. 经济师, 2019（4）: 156-157+160.

[95] 章文光, 王耀辉. 哪些因素影响了产业升级?——基于定性比较分析方法的研究 [J]. 北京师范大学学报(社会科学版), 2018（1）: 132-142.

[96] 赵波, 张秀利, 郭亚敏. 产业结构形成与升级的动力机制探究 [J]. 商业时代, 2011（4）: 121-122.

[97] 赵进文, 温宇静. 中国经济结构变动的投入产出分析 [J]. 财经问题研究, 2004（4）: 3-12.

[98] 赵晓男, 代茂兵, 郭正权. 科技创新与中国产业结构升级 [J]. 经济与管理研究, 2019, 40（7）: 61-74.

[99] 赵旭凌. 固定资产投资对产业结构变动的影响分析 [J]. 中国市场, 2016（20）: 225+248.

[100] 郑谦, 胡春阳, 赵瑾. 技术创新能力差异对产业转移迟滞作用分析 [J]. 科技进步与对策, 2012, 29（12）: 57-62.

[101] 周向红, 成鹏飞, 周建华. 创新驱动下大学科技城发展问题与对策研究——以岳麓山国家大学科技城为例 [J]. 湖南财政经济学院学报, 2019, 35（2）: 65-73.

[102] 朱卫平, 陈林. 产业升级的内涵与模式研究——以广东产业升级为例 [J]. 经济学家, 2011（2）: 60-66.

[103] 朱玉林, 何冰妮, 李佳. 湖南产业结构演进的实证分析 [J]. 统计与决策,

2008（15）：86-88.

[104]佐贯利雄.日本经济的结构分析 [M].沈阳：辽宁人民出版社，1988.

[105]ALAM T, WAHEED M. Sectoral effects of monetary policy: evidence from Pakistan[J]. Pakistan Development Review, 2006, 45(4): 1103-1115.

[106]ALI A K. Labor productivity and inter-sectoral reallocation of labor in Singapore (1965—2002)[J]. Forum of international development studies, 2005(30): 1-22.

[107]AMSDEN A H. Asia's next giant: South Korea and Late Industrialization[M]. New York: Oxford University Press, 1989.

[108]ANTONELLI C. Localized technological and factor markets:constraints and inducements to innovation[J]. Structural Change and Economic Dynamics, 2006, 17(2): 224-247.

[109]ANTZOULATOS et al. Financial structure and industry growth[J]. Journal of Finance, 2003(58): 353-374.

[110]ARTHUR W B. Competing technologies, increasing returns and lock-in by historical events[J]. The Economic Journal, 1989, 99(394): 116-131.

[111]AUDRETSCH D B, et al.Impeded industrial restructuring: The growth penalty[J]. CEPR Discussion Papers, 2002, 55(1): 81-98.

[112]BLOMSTRON M, WOLF E N.Multinational corporations and productivity convergence in Mexico[R]. National Bureau of Economic Research, Working Paper, No. 3141, Cambridge, MA.1989.

[113]BONFIGLIOLI A. Financial integration, productivity and capital accumulation[J]. Journal of International Economics, 2009(2): 337-355.

[114]CATTANEO O, GEREFFI G, STARITZ C. Global value chains in a postcrisis world: resilience, consolidation, and shifting end markets[M]. The World Bank,

2010.

[115] CAVES R E. Multinational firms, competition and productivity in host-country markets[J]. Economics, 1974, 176-193.

[116] CHENERY H B. Patterns of industrial growth[J]. American Economic Review, 1960(50): 624-654.

[117] CIMOLI M, PEREIRA W, PORCILE G, et al. Structural change, technology, and economic growth:Brazil and the CIBS in a comparative[J]. Economic Change & Restructuring, 2011, 44(1-2): 25-47.

[118] CLARK C. The condition of economic progress[M]. London: Macmilliam & Co.Ltd, 1960.

[119] DENISON E F. Accounting for united states economic growth 1929—1969[M]. Brookings Institution, 1974.

[120] DING S, KNIGHT J. Why has China grown so fast? the role of structure change[J]. Oxford Bulletin of Economics and Statistics, 2011, 73(2): 141-174.

[121] EDWARDS S. Financial deepening in economic development[M]. Oxford: Oxford University Press, 1969.

[122] EICHENGREEN B, PARK D, SHIN K. When fast-growing economics slow down: international evidence and implications for China[J]. Asian Economic Papers, 2012, 11(1): 42-87.

[123] ERNST D, GANIATSOS T, MYTLEKA L. Technological capabilities and export performance lessons from East Asia[M]. Cambridge: Cambridge University Press, 1988.

[124] FAGERBERG J. Technological progress, structural change and productivity growth: A comparative study[J]. Structural Change & Economic Dynamics,

2000, 11(4): 393-411.

[125] FAN SHENGGEN, ZHANG XIAOBO, ROBINSON S.Structural change and economic growth in China[J]. Review of Development Economics, 2000(11): 393-411.

[126] FISMAN R, LOVE L. Trade credit, financial intermediary development and industry growth[J]. Journal of Finance, 2003(58): 353-374.

[127] GEREFFIC G.International trade and industrial upgrading in the apparel commodity chains[J]. Journal of International Economics, 1999(48): 37-70.

[128] GIULIANI E, PIETROBELLI C, RABELLOTI R. Upgrading in global value chains: Lessons from Latin American clusters[J]. World Development, 2005, 33(40): 549-573.

[129] GUGLER P, BRUNNER S. FDI effects on national competitiveness: A cluster approach[J]. International Atlantic Economic Society, 2007(13): 268-284.

[130] HUMPHREY S. How does insertion in global value chains affect upgrading industrial dusters[J]. Regional Studies, 2002(9).

[131] HUNYA G. Restructuring through FDI in Romanian manufacturing[J].Economic Systems, 2002(4): 387-394.

[132] KAPLINSKY R. Globalization and Unequalisation: what can be learned from value chain alalysis[J]. Journal of Development Studies, 2000, 37(2): 117-145.

[133] KATSUMOTO M, WATANABE C. External stimulation accelerating a structural shift to service-oriented industry—a cross country comparison[J]. Journal of Services Research, 2004, 18(2): 91-111.

[134] KOIZUMI T, KOPECKY K J. Economic growth, capital movement and the international transfer of technical knowledge[J]. Journal of International Economics, 1977: 45-65.

[135] KUZNETS S. Economic growth of nations:total output and production structure [M]. Harvard Cambridge Press, 1971.

[136] KYOJI F, JOJI T. Regional inequality and industrial structure in Japan: 1874—2008[J]. Economic Record. 2016, 92(296): 141-143.

[137] LEWIS W A. Economic development with unlimited supplies of labour[J]. Manchester School, 1954, 22(2): 139-191.

[138] LUCAS. On the mechanics of economic development[J]. Journal of Monetary Economics, 1988, 22(1): 3-42.

[139] MARKUSEN. Foreign direct investment-led growth: evidence form time series and panel data[J]. Oxford Economic Papers, 1999(1): 133-151.

[140] MCCAIG B, MCMILLAN M S, VERDUZCO-GALLO I, et al. Stuck in the middle? Structural change and prductivity and productivity growth in Botswana [R]. National Bureau of Economic Research Paper, 2015: 125-160.

[141] MCKINNON R I. Money and capital in economic development[M].Washington, DC: The Brookings Institution, 1973: 1-23.

[142] MONTOBBIO F. An evolutionary model of industrial growth and structural change[J]. Structural Change and Economic and Economic Dynamics, 2012(4): 387-414.

[143] PASINETTI L L. Structural change and economic growth[J]. Cambridge University Press, 1981.

[144] PENEDER M. Industrial structure and aggregate growth in India[J].Economic Letters, 2010, 110(3): 178-181.

[145] PENEDER M. Industrial structure and aggregate growth[J]. Structural Change and Economic Dynamics, 2003, 14(4): 427-448.

[146] PORTER M E.Location, Competition, and economic development: local clusters in a global economy[J]. Economic Development Quarterly, 2000, 14(1): 15-34.

[147] PORTER. The competitive advantage of nation[M]. London: Macmillan. 1990.

[148] RENDER M. Industrial structure and aggregate[J]. Structural Change and Economic Dynamics, 2003(14): 427-448.

[149] TANUWIDJAJA E, THANGAVELU S. Structural change and productivity growth in the Japanese manufacturing industry[J]. Global Economic Review, 2007, 36(4): 385-405.

[150] TEMIZ D, GOKMEN A. FDI inflow as an international business operation by MNCs and economic growth: An empirical study on Turkey[J].International Business Review, 2014, 23(1): 145-154.

[151] TIMMER M P, SZIRMAI A. Productivity growth in Asian manufacturing: The structural bonus hypothesis examined[J]. Structural Change and Economic Dynamic, 2000, Vol.11: 371-392.